6·25 세대의

조바심

오우현 수필집

교음사

덤으로 사는 인생

직장을 퇴임한 후부터 독서가 나의 일상이다. 따라서 문학에 취미가 있다고 자부하기도 한다. 그러나 실상 글을 쓰려면 감동적인 글이 써지질 않아서 고심하는 편이다. 기왕이면 서정적이면서도 해학적인 글로 독자들과 가깝게 다가가고 싶지만 끔찍하게 많은 컴퓨터 정보에 기가 죽고 만다. 그러기에 사람들이 책을 안 읽는다고 불평할 자격이 나에게는 없다. 그러면서도 글밭을 떠나서는 호흡을 할 수 없기에 내 생의 마지막일지도 모를 키보드를 치고 있다.

나는 『수필문학』에 등단 후 두 권의 수필집을 냈고, 소설문단에 등단하여 소설집 두 권과 장편소설을 출간한 후 칼럼집도 한 권 출간했다. 이번에 수필집을 내게 된 동기는 산수연(傘壽宴)을 맞이하면서 내가 이 세상 떠날 날이 박두했다는 실감이 생겼기 때문이다. 따라서 유고집이라도 한 권 내야하지 않겠느냐는 생각을 하게 되었다.

내가 파킨슨병을 얻은 지가 5년째이고, 내자가 천국 간 지 2년이 되어간다. 혼자 사는 처지에 더 이상 밖에 나가 활동할 길이 막혔고, 파킨슨병은 항상 피곤하기만 하여 작품을 쓴다는 것도 수월치가 않게 되었다.

80여 평생 지니고 살아야 할 환자가 되고 보니 이제는 흔히 말하는 9988234도 바라지 않는다. 나의 생이 자녀들이나 이웃에 부담이 되기 전에 하나님께서 천국으로 불러주시기를 기도하는 중이다. 매일 동이 뜰 때마다 '오늘도 하루를 덤으로 살게 해주시는구나!' 라고 하나님께 감사기도 하는 것이 일과가 되었다.

10년 동안에 여기 저기 기고한 것과 특별한 상황이 생겨 그때마다 써놨던 원고를 펼쳐놓고 보니 시기적으로 늦은 감이 있어서 생동감이 없을 것 같다. 세미나 때마다 나이든 늦깎이로 젊은 문우들 틈에, 껴 다녀도 홀대하지 않고 동행해주는 문우들이 고맙기만 했다.

맨 마지막에 쓴 글이 우리 3남매에게는 유서가 될 터인데 독자 여러분에게 그런 것까지 읽어달라고 게재한 것이 미안하게 생각된다.

작가가 될 수 있도록 지도해주신 강석호 회장님을 비롯하여 1기생 목요동인회원과, 추천작가회 회원, 교정을 봐 주신 이자야 편집장님 그리고 한국수필문학가협회 이사님들께 이모저모로 감사한 마음을 이 작품으로 표하는 바이다.

2013년 4월

저자 오우현

오우현 수필집

6 · 25세대의 조바심

부 꽃 잔치

2부 마이동풍 6년째

3부 쌍지팡이

4부
세상을 겨눈 킬러

5부
안테나 없이 살아온 회한

1부

꽃 잔치

· 철쭉의 잎이 강장제(强壯劑), 이뇨제(利尿劑),
건위제(健胃劑)로 인간에게 이득을 베푼다.
진달래꽃은 사람이 먹을 수 있어 '참꽃'이란 호칭의
대접을 받는데 반하여 철쭉꽃은 먹을 수 없다 하여
'개꽃'이란 대접에 그치고 있다.
그러나 우리의 아름다운 정서를 사로잡는 데는
어찌 진달래와 비교하랴.

덤프트럭과 티코의 인연

어느 날 밤, 가로등과 차량들의 미등만이 남태령 고개의 주인인 듯 싶었다.

안양에서 서울을 향해 달리는 데 서울대공원 나들목의 교통상황판에 '사당역까지의 소요시간 36분(정상 시는 7분)'이라 명시됐고, 막대사인보드는 빨간색으로 차 주행자들을 주눅 들게 한다.

과천 지하도부터 남태령 길은 차량들이 세 살 아이 걸음보다 더 느렸다.

티코는 작은 것이 희소가치가 있지만 내 티코는 변속기가 수동이어서 고갯길에선 마음이 조렸다. 나 같이 클러치 페달 조작이 서툰 사람은 오르막길에서 멈췄다 전진하려면 차가 뒤로 밀리는 경향이 있어 문제였다. 길이 막혀 1단 기어를 넣고 반 클러치 상태에서 브레이크와 가속기를 살짝살짝 밟는 조바심 운전을 하는 중이었다.

그날따라 어느 스포츠카가 내 곁에서 유별나게 붕붕거려 나는 내 차의 엔진 소리를 감지할 수 없어 혼란해지기 시작했다. 남태령 고개의 중간쯤에서 전진이 거의 안 되다시피 하더니 내 차에서 타는 냄새가 진동했고, 급기야 굴뚝에서처럼 연기가 나기 시작했다. 엔진에서 불이 난 줄 알고 겁이 났다. 브레이크를 걸고 차에서 내렸을 땐 4열종대의 차량들이 전조등으로 날 쏘아보고 빵빵 소리를 지르는데 난감하기 그지없었다. 처음 당하는 일이라 보험회사 A/S 차 부르는 것도 잊었을 뿐 아니라 삼각대도 없어 더욱 난감했다. 뒤에 정지해 있는 운전자들에게 견인차고 번호를 물었으나 다 모른다고 했다.

수많은 퇴근차량들이 연달아 장사진을 치고 있었다.

그때 바로 앞에 가던 어느 작은 덤프트럭이 내차 앞에 서 주었다. 한 40대 초반쯤 되는 젊은이가 하차했다. 그의 일성이 "우선 다른 차량을 위해 이 차를 한 쪽으로 비켜주어야 하지 않겠어요." 라며 티코를 자기 차 뒤로 밀어붙이고 견인줄로 티코의 앞부분을 묶지 않는가. 그때의 감격이야말로 출생 후 처음인 것 같았다.

수많은 차에게 피해를 주는 일에 마음이 타들어가는 것 같았는데 그 기사 때문에 미안한 고통의 멍에를 벗어날 수 있었다.

티코는 안심하고 트럭이 가는대로 끌려갔다. 남태령 전철역 부근, 사찰로 들어가는 공간에서 그 덤프트럭과 티코의 연결선을 풀었다.

그 젊은 기사는 티코 앞 뚜껑을 열고 점검까지 해 주는 것이 아닌가. 엔진을 확인한즉 엔진에 불이 난 것이 아니고 반 클러치 상태에서 브레이크를 자주 밟아서 바퀴가 타는 현상이었다. 시동을 걸어보니 엔진이 정상으로 움직였다. 그 후에야 큰 시름을 덜었다.

너무 미안하고 고마워 기만 원으로 사례를 하려 했으나 극구 사양했다. 할 수 없이 내 작품인 『짧은 행복 긴 행복』 소설집을 건네고 말았다. 그 젊은이를 꼭 한 번 만나서 한 턱 쏘고 싶은데 죽기 전에 만날 수 있을는지….

티코와 덤프트럭, 외양부터 너무 다른데 그날 밤, 그 트럭 때문에 난제해결의 인연이 되었다. 그 일로 인하여 1년 수명은 감한 것 같다 그 젊은 기사의 배려와 아량처럼 국민들 간에 이념대결로 잘못된 우리 사회도 소통이 되어 불안해소가 되기를 염원해 보았다.

(2005년 10월)

꽃 잔치

첫눈에 반했네!
꽃길, 언덕을 지나가며
하늘만 빠끔히 철쭉뿐일세
녹음의 양탄자에 빨강, 하양, 연분홍 무늬
마음씨 고운 여인네 그림인가봐
일상으로 돌아온 지 수일인데
병인 양 그 산세(山勢)가 그립기만 하네.

철쭉꽃은 정원이나 공공시설의 화단에 가면 흔히 볼 수 있는 꽃이다. 그런데 왜 그날따라 그렇게 넋을 잃을 정도로 그 꽃에 매료되었을까! 아마도 그 레저타운의 평지는 물론 뒷동산까지 철쭉꽃 일색이었다. 그것도 단일 색깔이 아니라 3색으로 조화를 이루어 아무리 무뚝뚝한 사람이라도 감탄사를 연발하지 않을 수 없었다. 그 시설 기획팀이 철쭉꽃에 미친 사람이 아니고는 그렇게 시설비의 반 정도로 꽃 심기에 투자를 할 수 없을 것 같다. 아울러 자연 녹색운동에 일가견이 있었음인지 단풍나무 터널을 비롯하여 친환경 교실을 멋들어지게 만들어놓은 것이 일품이었다. 그 황홀경은 팔도강산 중에 가장 수려한 강원도 홍천군의 한 레저타운이 5월의 손님을 맞기 위해 단장한 진풍경이었다.

나는 벌써 그 자연미에서 어떤 필링(filling)을 가질 수 있었다.

사람들은 자기가 소속한 공동체, 사회, 나라 안에 살면서 소리(小利)와 아집을 부리다가 원만하고 아름다워야 할 공동체를 추하게 만들고 망가지게 하는 일이 비일비재하다. 그런데 그 철쭉꽃의 어울림이나 미(美)의 총화(總和)처럼 우리 국민도 개인주의나 소집단, 정당주의보다 국가의 대의를 위해서 어울릴 수는 없을까.

5월 중순 1박 2일 일정으로 N교회 소망회에서 강원도 홍천군 서면 팔봉리에 있는 대명콘도에서 효도관광의 기회를 가졌다.

첫날 콘도의 진입로에서 그 관광 팀에 동행하게 된 것이 얼마나 다행스러운지 몰랐다. 그 철쭉꽃의 환대 때문에.

시야에 보이는 것마다 철쭉꽃이요, 발부리에 걸리는 게 다 철쭉꽃이었다. 꽃이 많기도 하려니와 줄곧 즐거운 정서의 시간을 안겨주었다.

그 레저타운은 '가족가치 존중'이라는 기업모토로 1987년, 설악콘도를 시작으로 그곳에도 '대명레저타운'을 건설했다고 한다.

그날따라 하늘은 비취색이요, 옹기종기 모임도 많아보였고, 수학여행의 행렬이 많았다.

나는 오로지 철쭉꽃을 감상하기 위해 시침(時針)도 아랑곳없이 산책을 했다. 한 마을에 김 씨네 가문, 이 씨네 가문, 박 씨네 가문이 옹기종기 살듯이 흰철쭉 꽃, 산철쭉 꽃이 어울려 그 레저타운을 꽉 매웠다. 그중에도 축대 돌 사이사이에 암팡지게 피어 손짓하는 철쭉꽃은 얄밉기도 했다. 3년째 맞이하는 관광이지만 올해도 그 꽃들 때문에 진지하게 관람을 했다.

철쭉나무의 높이는 2~5미터, 개화기는 5월이고, 한국과 중국, 우수리 등지에 많이 분포되어 있다. 학명으론 진달래 과의 낙엽관목이다. 꽃은 단성화(單性花)로 피며 3~7개씩 가지 끝에 모여 산형(繖形) 꽃차례를 이룬다. 수술은 10개, 암술은 한 개다.

그 꽃은 우리가 흔히 산기슭에서 볼 수 있는 바, 무리지어 피고, 잎과 함께 붉은 색의 꽃이 피는 것은 산철쭉 꽃이라 한다. 그러니까 그 레저타운에는 세 가지 꽃이 어우러진 셈이다. 철쭉은 주로 지리산과 같은 높은 산지대에서 군락을 이루어 자라는 편이며 산철쭉보다 잎이 훨씬 크고 모양이 다르다.

초보자가 보기에 산철쭉이 진달래와 비슷하지만 진달래는 이른 봄에 가장 먼저 피며 잎이 나기 전에 꽃이 먼저 피는 데 반하여 산철쭉은 늦은 봄에 잎과 함께 붉은색의 꽃이 핀다. 철쭉의 잎이 강장제(强壯劑), 이뇨제(利尿劑), 건위제(健胃劑)로 인간에게 이득을 베푼다. 진달래꽃은 사람이 먹을 수 있어 '참꽃'이란 호칭의 대접을 받는데 반하여 철쭉꽃은 먹을 수 없다 하여 '개꽃'이란 대접에 그치고 있다. 그러나 우리의 아름다운 정서를 사로잡는 데는 어찌 진달래와 비교하랴.

금년의 효도 관광은 철쭉에 매료된 것만으로도 대 만족이다. 그런 장관

(壯觀)이 관광객을 만족시킨 것은 녹음방초와 바윗돌(축대돌), 철쭉꽃들이 조화를 이루어 미의 총화를 이루고 있음일 게다.

비틀어지고 모나고 갈라진 우리 사회의 구성원들이 개인 행복, 자기만의 소속, 정치공동체의 당리당략과 이념을 배제하고 7천만 국민의 장래를 위한 정점을 향하여 서로서로 어울리도록 노력만 한다면 오늘 같은 혼란을 잠재울 수 있잖을까 곰곰이 생각해 보는 기회였다.

(2006년『한국수필』)

양화진 성지공원 나들이

나는 지금 마포구 합정동에 위치한 외국인묘지공원에 서서 한강을 바라본다. 내가 서 있는 지점에서 300여 미터쯤 한강 쪽으로 다가가면 왼쪽으로 또 절두산 순교성지가 위치해 있다. 이 두 곳을 합하여 양화진 성지공원이라 한다.

600년 수도의 명물, 한강 물이 유유히 흐르는 듯, 정지한 듯한 서정에 매료되어 헝클어진 잡념이 살포시 정돈되어진다.

양화진이 성지공원으로 조성된 계기는 B 마포구청장이 정연희 작 『양화진』이란 소설을 읽고서 그곳을 성지화 하기로 구상했다는 것이다.

양화진은 이미 사라진 옛 포구의 이름이다. 그곳은 강화도의 방비를 책임지는 후방기지였고, 전국 8도에서 모여든 사람들이 한데 살을 섞는 번잡한 장터이기도 했다. 또 그곳은 경치가 좋아서 조선시대에 명나라 사신들이 그곳에 와서 시를 지었다고도 한다. 그리고 조선시대 왕들은 사람의 왕래가 빈번한 그곳 나루터에서 큰 죄인들을 모아놓고 목을 쳐 죽이는가 하면 명종 때는 을사사화가 일어나 대윤의 우두머리 임윤의 목을 그곳에서 끊었고, 가깝게는 갑신정변의 주역인 김옥균을 그곳에서 효수(梟首)시켰다고 한다.

외국인 묘지를 보면서 이국 만 리 타 국민을 위해서 평생을 몸 바치는 것이 그렇게 쉬운 일이 아니었을 텐데, 분명 그들은 하나님의 사명자로 살았기에 가능하지 않았나 싶다. 외국인 무덤 앞에 서 있는 동안, 개신교 선교정책으로 구원받지 못한 조선민족의 구령을 위해, 피압박민족인 대한민국의 독립을 위해, 미개한 조선인들의 교육을 위해서 평생을 헌신하다가 고이 잠드신 영령들을 생각하면서 나는 옷깃을 여미지 않을 수 없었다.

절두산 순교성지를 둘러보니 병인양요(丙寅洋擾)때 대원군의 쇄국정책으로 8천여 명의 신자가 순교를 당한 것과 그중 절두산 순교자들만도 177명으로 추정된다는 역사의 한 토막이 생각났다.

절두산 순교성지에 잠드신 천주교 영령들, 그들이 목숨과 신앙을 바꾼 것은 현대의 신앙인과 비교할 수 없는 순교적 모범 사례라 할 수 있다.

병술년 3월 어느 날, N교회 장로들이 양화진 역사 나들이를 하는데 나도 그 중의 한 멤버였다.

일행이 외국인 묘지에 도착하기 전, 벌써 양화진 선교회의 한 간사가 나와서 안내 준비 중이었다. 그분의 설명으로 근대 기독교사 탐구에 많은 도움이 되었다.

외국인 묘지를 설립한 목적은 선교와 사회봉사, 의료, 교육 등의 각

분야에 업적을 남긴 외국인들의 박애정신에 감사하고 추모하기 위해서란다. 또한 우리나라 최초의 서양 의사이며 고종의 주치의였던 헤론이 죽자 고종의 배려로 그 묘지공원이 만들어졌다고 한다. 그곳엔 연세대학 설립자인 언더우드 일가, 고종의 밀사로서 친서를 들고 헤이그에 가서 일제의 만행을 고발했던 헐버트, 배일운동에 앞장서며 '대한매일신보'를 창간했던 베델, 배제학당을 세운 아펜젤러 일가 등이 줄지어 있었다.

외국인(선교사 포함)묘지 공원의 면적은 13,224 평방미터이고 무덤의 수는 2004년 8월 현재 555기인데 그중에 선교사 묘지가 가족 포함해서 167기였다. 국적별 현황은 미국인이 279기, 영국인이 31기, 캐나다인이 19기 등이었다.

묘역별 배열은 1, 2, 3묘역으로 조성이 되어 있는데 묘지마다 평면비석, 또는 입체비석으로 설치되었다. 무덤마다 특색 있는 외국 풍인데다가 정갈스런 석공의 디자인을 찾아볼 수 없고, 더구나 6·25전쟁 시 맞은 파편의 흔적들이 비석에 남아있어, 그들의 생전의 고결한 업적에 비하여 너무 홀대한 공원조성인 것 같았다. 묘지의 굴곡이 심하고, 조형과 정지작업도 제대로 안 되어 그곳에 묻힌 영령들에게 미안한 감이 그지없었다.

일행은 안내자의 설명을 들으며 묘비에 쓰여 있는 글을 읽을 수 있었다. HB 헐버트 묘비에는 "나는 웨스트민스터 사원에 묻히기보다 한국에 묻히기를 원하노라." 라고 쓰여 있는 것을 비롯하여 AR 아펜젤러는 "섬김을 받으러 온 것이 아니라 섬기러 왔습니다." 라고 쓰여 있었다. 또 그는 "타고 가던 배가 목포 앞 바다에서 뒤집히자 물에 빠진 어린 소녀를 구하려다 익사했다." 라고 쓰여 있었다. 또 JD 언더우드는 "항상 기뻐하라. 쉬지 말고 기도하라, 범사에 감사하라." R 켄드릭은 "나에게 천의 생명이 주어진다 해도 그 모두를 한국에 바치리라." 라고 각각의 비문이 새겨져 있었다.

미국의 기독교로 인해서 한국이 얼마나 지대한 영향을 받았는가. 약소민족 미개한 민족이었던 우리가 문화의 혜택만 받은 것이 아니라 선교사님들의 희생과 순교로 말미암아 예수 믿어 구원을 받게 되었다는 것이다. 그런데 오늘 날, 그들에게 반미의 푸대접을 하다니, 이것은 수혜자의 자세가 아닌 것 같아 안타깝다.

이윽고 절두산 순교성지로 발걸음을 옮겼다.

나루터(옛날의) 옆에 우뚝 솟은 잠두봉(蠶頭峯 누에의 머리모양을 닮은 봉우리)이라는 봉우리는 한 순간에 절두산(切頭山 사람들의 목을 자른 산, 사적 제399호)이라는 무시무시한 별칭을 얻게 되었다. 오늘엔 그곳이 병인박해 때 순교한 천주교인들을 위해 만든 '절두산순교 성지'가 되었다.

1866년, 병인양요 때 프랑스 함대가 절두산 순교성지 부근의 한강을 거슬러 침입했다. 그 무렵, 대원군이 '서양 오랑캐로 더럽혀진 한강을 서학쟁이(천주교도) 피로 씻어라'고 말하면서 1만 명이나 순교시킨 곳이라는 역사적 기록도 있다. 지금은 그곳에 한국 최초의 신부인 김대건 동상과 순교기념관이 건립되어 있다.(1967년 건립) 그리고 순교성인 28위의 유해를 모신 성해실도 있다.

지금은 국가지상주의일 뿐 민족개념도 줄어들고 글로벌화 되는 추세를 맞고 있다. 차제에 우리는 서양인이 조선시대에 우리나라에 와서 베풀었던 박애정신에 대하여 감사할 줄 알아야 하고 우리도 그들을 본받아 세계무대에서 그 정신을 계승시켜야 할 것이다.

초대교회 천주교인의 순교정신은 6·25전쟁 때 개신교에서 이어왔다. 오늘날 우리 기독교인들도 어떤 난관이 있을지라도 신앙을 지켰던 절두산 순교자들처럼 순교를 각오할 때 진정한 신앙인이 될 것이다.

도둑예방, 화재예방

이사한 지 두 달도 안 되어서 있었던 일이다.

내 재산이란 오로지 가옥 한 채 뿐인데…. 안절부절못하며 이수교역에서 안양을 향해 U턴하여 차를 몰았다. 옆 좌석에는 아내가 파랗게 질려 있었다. 아마도 신성아파트 정문에 다다르면 아파트 창문으로 새카만 연기가 꾸역꾸역 나오고 있지나 않을까? 방정맞은 연상을 하면서 마음이 너무 조급하여 빨간 신호등 대기하기가 지루했다.

하여튼 아파트 정문에만 이르면 내 운명을 알 수 있겠지 싶어 일각이 여삼추같이 달렸다. 드디어 아파트 정문에 닿았으나 인산인해, 시장 같은 웅성거림이 없었고, 소방차도 보이지 않았다. 일차 안심을 하면서 이중 삼중의 현관문 자물쇠를 열고서 가스레인지 앞에 섰다. 가스레인지가 오히려 미안하다는 태도로 고즈넉하게 그대로였다. 솥을 들고 보니 불 위에 올려놓은 식혜(食醯)의 농도 짙은 물이 넘쳐서 가스 분출구의 구멍들을 차단시킴으로 자동진화가 된 것이다. 나는 몇 번째

전대미문의 하나님의 도우심을 경험하였다. 만약 화재가 났으면 어쩔 뻔했는가. 생각만 해도 현기증이 난다.

'자나 깨나 불조심', '꺼진 불도 다시 보자'라는 선전구호가 지금도 환청이 되어 들려오고 있다. 예방화재란 얼마나 중요한 것인가를 다시 한 번 실감하면서 예방에 대한 어떤 아이디어를 구상하기 시작했다.

우리 부부가 반포에서 있을 어느 미팅에 참석하기 위해서 한참 달리는 중이었다. 이수교역에 이르자 "아이고머니, 이 일을 어쩌면 좋아! 가스 불 안 끄고 왔어" 사색이 된 아내가 핸들을 돌리라 하지 않는가. 그 미팅이 문제가 아니었다. 화급을 다투는 현장으로 돌아가는 수밖에…. 그날따라 신호도 많고 요철도 많았다.

나이 들면 잊음이 많다지만 젊은 사람도 그런 잊음은 다반사임을 익히 알고 있다.

어떤 주부가 의사에게 상담차 찾아왔다고 한다. 의사가 그 주부를 보았을 때 한쪽 귀뿌리가 벌겋게 보여 그 여부를 물어보지 않을 수 없었다. "부인, 귀를 어떻게 다치셨나요?" 겸연쩍어 하면서 부인이 대답했다. "한참 다리미질을 하고 있는데 급한 전화가 왔지 뭐예요. 그런데 상대방의 말소리를 듣기도 전에 다리미를 귀에다 대버린 것을 알았지만 이미 엎질러진 물이었습니다." 의사 입에서 튀어나오는 말, "아이고 안 되었어라…."

잊음이란 이 정도의 에피소드로 끝났을 땐 인간사에 애교라고 할 수 있겠지만 가스 불 끄는 것을 잊고 재산을 탕진했다면 이건 보통 일이 아니다.

화재사고의 사례를 말하라면 개인적으로나 공공기관에서 또는 국가적으로 큰 손실을 입고 있는 일이 비일비재다. 2005년 4월에 있은 양양 산불과 낙산사의 소진은 네 것 내 것 따질 것 없이 모두 우리의 손실이었다.

아마도 30대까지는 대연각호텔(지금은 대연각 빌딩) 화재사건을 들어보지 못 했을 것이다. 1971년 12월 25일 성탄절 아침에 화재가 발생하여 163명이 그 화재로 숨져갔다. 우리나라 단일화재로 최대의 인명피해였다. 대연각은 그 당시 21층 건물의 최고급 호텔이었지만 그 역시 1층 커피숍에서 프로판 가스가 폭발하여 생긴 화재였다. 그런 건물에 스프링클러 등의 소방시설이 미비되어 화재가 더 컸다니 말이 되는가.

도둑을 당하는 것은 동산을 도난당할 뿐, 부동산은 아니다. 화재를 당하면 동산은 물론 부동산(건물)까지 소진하게 되니, 화재예방을 도독예방에 비할 것인가. 그런데도 외출시 가옥문은 이중, 삼중으로 잠그기도 하고 전자자물통까지 설치한다. 그러나 화재예방에 대해선 그보다 훨씬 소홀하다. 건축 설계사에게 건축 설계할 때 외출하기 위해 문 잠그는 사람에게 '가스 밸브 잠그시오' 라는 메시지가 나오는 시스템적 설계를 추가하라고 부언하고 싶다.

그 후부터 우리 집 현관문 여는 손잡이 위에는 "문을 잠그기 이전에 가스밸브가 먼저지요." 라는 글귀가 코팅이 되어 부착되어 있다. 그것은 가스 불을 끄지 않고 외출 중에 기겁을 하며 되돌아왔던 경험을 한 후, 화재예방의 일환으로 만들어 붙인 표지판이다. 항시 외출을 하기 위하여 문을 잠그려면 의당 그 표지판을 보고 가스레인지 곁으로 가서

밸브 확인을 하지 않겠느냐 싶어서였다.

인간사에 '소 잃고 외양간 고치기'가 타성이 되어 있는 점이 없지 않다. 그보다는 매사에 예방이 제일이다. 소방서의 임무는 화재의 예방과 화재시의 진화작업이다. 두 가지 중에 예방은 적극적인 소방정책이고 진화란 소극적인 소방정책이라고 여긴다. 그러기에 건축주는 모든 건축물에 소방 설계대로 한 치의 오차 없이 시설해야 할 것이고, 모든 시민은 소방정책에 협조하는 것이 너, 나 없는 손해방지일 것이다.

농경 사회 시대에는 가족이 많아 집 비우는 일이 많지 않아 걱정이 덜 되었다. 그러나 현대 사회는 핵가족화가 되어서 가족이 적을 뿐 아니라 단 둘이 살거나 독거노인 가구화가 되어서 더 문제다. 거기다 고령화 사회가 되고 치매환자가 많아져 걱정이 이만저만이 아니다. 그런 일은 숙명적으로 받아들일 수밖에 없지만 이제는 가스 불 문제를 주부에게만 일임할 것이 아니라 남자도 역시 가스 불만은 항상 신경 쓰라고 부언하고 싶다

(2011년『문예운동』제110호)

한국의 아름다운 길 100선

- 학의천 산책길

백운호수 쪽에서 흐르는 학의천이 안양천과 만난다. 그 삼거리(川)지점에서 백운호수 쪽으로 5킬로미터 이상 학의천을 따라 자전거 도로가 뻗어있다. 이 글의 제목은 그 아름다운 자전거도로 시작점과 끝 지점에 앙증스럽게 세워져 있는 표석(表石)에 새겨진 글이다.

몇 년 전까지만 해도 이 학의천은 고기가 살 수 없는 생활하수가 흐르는 조그마한 하천에 불과했다. 그런데 자기 고장을 살찌게 하려는 자치단체장과 직원들의 열의에 의해서 하천의 생태계가 복원되고 하천 따라 자전거 도로가 건설되어 시민의 애호를 받고 있다. 과연 이 자전거 도로는 평촌(안양시 동안구) 시민의 활력적 상징로이다.

나는 과다한 스트레스로 4월 15일 잠자리에서 일어나다가 엉덩방아를 찧은 불행으로 구급차에 실려 응급실로 실려갔다. 진단결과는 요추의 한 부분이 망가졌고, 꼬리뼈가 충격을 받았으며, 갑상선 '기능 항진증' 이라고 했다. 7개월이 지난 지금은 파킨슨병이 재발하여 잘 걷지를 못하며 수면제가 아니면 잠을 못 잔다. 수면제를 끊기는커녕 약 종류의 가지 수를 줄이기도 힘들었다. 육체적 학대를 해서라도 몸을 피곤하게 만들어 잠을 자보고 싶었다. 그래서 복대를 한 채 지팡이를 짚고 학의천 자전거 도로를 걷기 시작했다.

이 하천의 양편에 세워진 고층 아파트 군(群)과 관계없이 햇볕이 잘 쪼여서 좋다. 5킬로미터 이상의 하천가에 억새풀이 너울거려 마치 광활한 한라산 주변의 억새풀을 연상케 한다. 하천의 양 도시를 연결하는 여러 자연석 징검다리는 태곳적 전설의 고향 같기도 했다. 이러구러 이 거리를 누비는 군상(群像)들을 구경할 수 있어서 즐거웠다. 우선 제비꼬리 같은 헬멧을 쓰고 단체로 달리는 자전거의 연주(連走)는 너무 질서정연해서 아름답다. 그런가하면 삼삼오오 이야기꽃을 피우며 도보하는 건강 유지파와, 조깅하는 사람들의 모습은 혈색이 너무 좋아 보인다.

비산교로부터 출발해서 학운교, 내비산교, 수촌교 등의 다리 밑을 통과할 때는 인간 생활의 굴러가는 소리(자동차)가 생생하다. 물가에 어우러진 숲에서 지저귀는 새소리만은 너무 불협화음이어서 옥의 티였다.

관양교 부근에는 흑, 백의 옥석 돌로 수놓아진 '관양 맨발지압장'이 있어 그곳을 지날 땐 신을 벗고 싶은 충동과 혈맥 박동이 강열해짐을 느껴진다.

양편의 육로(陸路)에 도열한 은행나무는 마치 학교 운동장에 줄서 있는 학생들 마냥 나란히 서있다. 비록 몸은 불편하지만 이렇게 걸을 수 있어 다행이라 여기며 부지런히 운동을 한다.

보이지 않는 풀잎 속의 무엇에다 카메라를 들이대고 엎드린 카메라맨을 만났다. "생태계를 연구하시나 보지요? 한 마디 던지자, 방긋이 웃음으로 대하고 답을 주지 않는다.

하천 양편에 그렇게도 혐오스런 생활하수구의 수많은 구멍은 있으나 그 더러운 생활하수는 영원히 자취를 감추어 버린 지 오래다. 그러기에 저 많은 고기가 사는 거지. 붕어는 생태학적으로 3급수 이상이라야 살 수 있다는데 학의천을 흐르는 물은 그만치 청정수가 되었다는 말이 아닌가. 물의 양이 그렇게 많지 않으면서도 학의천은 그렇게 안양(평촌) 시민에게 좋은 선물을 주는 것이라 할 수 있겠다.

물고기가 무리지어 유영하는 곳, 네 군데를 발견할 수 있었다. 그 중에 대표적인 곳이 수촌교 밑 물에서 노니는 물고기 떼다. 족히 40센티미터쯤 되는 잉어 수십 마리가 유유 자적하는가하면 붉은 색의 숭어 두 마리가 아가미를 벌름거리고 있다. 붕어는 몇 백 마리인지 수없이 많다. 관광만 하기가 미안해서 어느 날, 튀밥을 물 위로 뿌려주었다. 그들과 무언의 대화를 하는 재미가 쏠쏠했다.

노폭 2미터쯤 되는 빨간 아스발트 길이 정말 효용성이 있고, 아름답다. 이 길을 걷는 동안 나의 불면증이 해소되었으면 좋겠는데 서정에 몰두하느라 걷는 것이 개을러지는가 싶다.

시민의 세금이 투입되어 이런 공사를 했다지만, 그런 발상을 해서 학의천을 이렇게 꾸며준 안양시장 이하 모든 직원들에게 감사의 큰 절을 하고 싶다.

포일교 부근에 분수대를 시공하고 있었다. 그것이 완공되면 얼마나 장관일까 상상만 해도 가슴이 시원해진다.

안양에서 하천이 이것뿐이랴! 안양천변에 건설된 자전거 도로는 더 넓고 길다. 어느 땐가 그 코스도 거닐어볼까 하는 욕망이 솟구친다.

(2008년 11월)

문학상

식장에 들어갔을 때 꽃다발을 들고 있는 사람이 그 홀의 반은 차지한 것 같다. 아담한 홀로 그런 행사하기에 알맞은 곳으로 느껴졌다.

2008년 12월 5일, 수원에 있는 경기문화재단 다산홀에서 제17회 경기도 문학상과 제12회 경기신인문학상 시상식이 열렸다. 그곳에서 소설부문엔 나 혼자만 문학상을 받았는데 그 소설은 장편 『청계천 별곡』이었다

소설 심사부에서 '소설부문의 오우현 소설가는 수필가로 등단하여 소설가로 변신한 작가로서 장편소설 『청계천 별곡을』을 썼다. 그것은 보수주의적 시각에서 안보를 우려한 소설로서 시대적 정치적 의미가 잘 그려져 있어 수상자로 선정하게 되었다'라는 것이다.

심사부에서 처음 나를 불렀을 때는 소설부문 '대상'을 주려고 했던 모양이다. 그러나 소설로 등단한 지 아직 5년밖에 되지 않아(등단 10년 후 대상 자격이 주어짐) 우수상으로 결정한다고 했다. 수필에 등단한 지는

10년이 되었지만 문학상 한 번 받아보지 못한 처지에 감지덕지였다.

작가들로부터 보내오는 작품을 대할 때마다 표지 이면의 이력서를 보면 10년 이상 소설을 쓴 사람은 수상작이 거의 네댓 개 이상이 나열된 것을 보고 부러웠다. 내 나이로 봐서는 사실 부끄러운 형편이었는데 나도 이력서에 문학상의 한 난을 차지하게 되어서 섭섭함을 면했다.

경기도 문단 심사부에서 연락이 오기 전까지는 상이라고는 꿈도 안 꿨다. 아직까지 자신이 쓴 소설 자랑을 한다는 것은 팔불출에 불가하기에 아무에게도 이야기하지 않았다. 그러나 내 책을 받아본 독자들로부터 전화로 격려하고 적잖은 격려금을 우편으로 또는 직접 건네받음으로 내가 오히려 빚진 자가 되는 기분이었다. 『청계천 별곡』을 완독한 사람이면 다 감동적이었다며 격려를 해주었다. 나는 작가로서의 자긍심을 가졌다.

금번 출판한 책은 278페이지로 그 중에 42페이지의 논픽션을 말미에 실었다. 처음에 표제를 정할 때는 『안보타령과 청계천 별곡』이라 정했으나 출판부의 의견은 달랐다. 근자에 안보라는 말이 너무 많이 회자되어서 진부하다고 해서 그냥 『창계천 별곡』으로 결정했다.

본래 청계천은 쓰레기 천지에 악취가 가득했고 하천 양편 둔치에 판잣집이 너절했다. 60년대 박정희 정부가 들어서 그 하천을 다 복개하여 고가도로와 일반도로로 토목공사를 마쳤다.

그 후 이명박 대통령이 서울시장 시절에 청계천 복원공사를 시작하여 유리알처럼 맑은 물이 흐르는 친환경 하천으로 만들어 그것이 서울도시의 명물이 되었다. 그 일로 이명박 시장의 주가가 급상승해서 대통령후보로 출마하기까지 대단한 영향을 끼쳤다. 마치 청계천복원 성공이 이명박의 대명사가 되어 관동별곡처럼 그 일이 시민의 입에서 회자 되었던 것은 주지하는 바다. 동시에 청계천 공사 성공에 자가당착하여 대권에 성공 후 대통령이 안보를 소홀히 할까봐서 주제는 안보지킴을 더 강조했다.

이명박 대통령의 출마의 변이 실용주의였다. 보수층 입장에선 후보자가 "나는 완전 보수주의자입니다." 그렇게 선언해주기를 바랐다. 그렇다 해도 이명박 후보자가 대통령으로 당선되도록 대세가 되어 있는데도 좌고우면하느라 실용노선만을 천명하고 출마했다. 그런 가운데 행여 때에 따라서 좌경화 되면 어쩌나 라는 노파심을 떨쳐버릴 수가 없었다. 노무현 정부의 경제정책에 실망하여 보수층에선 경제를 살려달라는 주문을 하면서도 안보만은 절대로 소홀하게 하지 말아달라는 소망도 대단했다.

소설의 주인공은 정채성과 전정일인데 그 두 사람은 386세대로 막역한 콤비였다. 그러나 이념적 노선만은 달랐다. 정채성은 일직 전향을 해서 보수층 인터넷 편집장을 맡았고 전정일은 진보 측 인터넷 편집장을 오랫동안 맡아보았다. 그 둘이 단짝이 된 것은 전정일이 고학을 할 때에 그가 채성 아버지로부터 후한 학비 보조를 받아왔기 때문이었다. 그런 중에 다각도로 채성이 정일에게 전향하도록 권면했으나 전혀 가능성이 없던 중, 남북 이산가족상봉 시에 정일이가 40년 전에 월북한 생모를 만났다. 북한의 실상을 경험한 정일의 어머니는 몸만 북에 있을 뿐 사실상 자유주의 남한을 내심으로 그리워하기 시작했다. 정일 어머니가 북측 이산가족 대표로 와서 감격스럽게 정일을 맞았다.

2박 3일을 지나고 이별하면서 정일의 생모가 정일에게 극비의 편지를 정일의 손에 건넸다. 그 내용은 정일에게 보수층으로 전향하라는 것이었다. 그게 단서가 되어 결국은 정일이 사상전향을 해서 채성과 같이 일하게 되었다는 이야기다.

중요하게 등장하는 인물 가운데 이명박을 奇入青(이미 청와대에 입성 했다는 뉘앙스)이라는 익명을 썼고, 노무현 대통령을 변현무로 바꾸었다.

바야흐로 선거철이 되어 이명박을 당선시키기 위한 조직체(기사모)를 구성하고 채성과 정일이 핵심적 역할을 했다. 드디어 2007년 12월 19일 이명박을 17대 대통령으로 당선시킴으로 10년 만에 우 편향적 정권교체가 되었다.

이 소설의 포인트는 전정일이 그의 생모인 인월북(북측 이산가족 단장)을 만남으로 진보측 386세대가 사상전향을 했다는 사실과 그 결과는 좌파 정권을 무너뜨리고 우편향 이명박 정권수립을 성공시켰다는 것이다.

논픽션 제목은 『잊을 수 없는 두 재판관』이다.

내가 30대의 젊은 시절에 이태원(용산제일시장)에서 장사를 하는 중, 악덕 시장기업 회사를 만났다. 그 시장 건물을 재건축 중, 상인 보증금을 다 착복하기 위해서 사장 부부가 도피를 해버렸다. 그 당시 나는 상인대표로 선정되었다. 상인의 전체 보증금을 찾아내기 위해서 근 10년간 수많은 민사와 형사사건을 치루면서 애환이 너무 많았다. 그 소송을 판결한 많은 재판관이 있었는데 그 중 N 대법관은 우리의 눈물을 닦아주는 판결을 했고, 고등법원 J 부장판사는 피눈물이 나오게 하는 판결을 했다.

결과적으로 모두 우리가 승소를 했지만 그 두 재판관이 대조적이고 잊을 수가 없어서 그 사건의 경험을 되새김질 해본 것이다. 글로서 한을 풀어본 것이다. 즉 전자는 처음 출간하는 장편소설이면서 문학상을 안겨준데 의의를 부여하고 싶고, 후자는 내 삶의 다큐멘터리를 통해서 검찰과 판사들에게 온고지신의 메시지가 되었으면 싶었다.

(2009년)

장남의 사면초가

2008년 9월 15일 경, 와르르 지구가 무너지는 것처럼 충격적인 방송이 가슴을 쳤다. 미국의 리먼브러더스가 파산선고를 신청한 것을 비롯하여 뉴욕의 월가는 물론 대기업들이 무너지고, 그것이 지구촌 전역에 미칠 파장이 크다는 것이 TV 방송이었다.

그 원인은 미국의 제2 금융권에서 세계적으로 제일 크다는 리먼브러더스를 비롯하여 모든 금융회사들이 서브프라임 모기지(불량주택 신용대출 부작용) 상태가 편만해진데서 비롯됐다. 즉 대출받은 그 부동산가액들이 대출받은 금액보다 현격하게 하락하므로 인한 버블(버큼)현상을 막을 수가 없게 되었다. 기업들의 파산선고나 구조조정의 신호가 칼바람처럼 코앞에 몰아쳐온 것이다.

미국의 경제 사정이나 미국 경제권의 일원인 우리나라도 걱정되지만 그보다도 절박한 것은 장남이 현재 뉴욕에 있는 리먼브러더스의 직원이란 점이다.

그 방송에 앞이 캄캄해졌다. 이렇게 사면초가에 이르렀을 때 어떻게 해야 할까. 마음이 너무 다급해졌다. 나는 국내에 있는 자녀들에게 특별 기도를 부탁함과 동시에 매일 릴레이식으로 중보기도 하는 N교회(내가 출석하는 교회)에 기도제목을 적어 냈다. 그리고 우리 부부도 그 문제를 가지고 매일 아침저녁으로 집에서 특별기도하기 시작 했다.

장남이 도미한 지 13년 되기까지는 그가 잘나가는 편이었다. 한국에서 중학교 2학년부터 키스트 석사까지를 부모의 도움 없이 거의 장학금 내지 국비로 마친 후, 1990년도에 도미하여 샤롯대학을 거쳐 뉴욕 주립대학(Stony brook)에서 박사과정을 마치고 4년간 교수직을 맡기까지는 자랑스러운 아들이었다. 그만하면 우리 가정의 꿈이 다 이루어진 줄 알았다. 그러나 교수직에서 그는 월가의 금융회사로 자리를 옮겨야 했다.

우리 부부는 장남에게 별로 학비조달을 해주지 못했고. 생활비를 대주지 못한 점이 항상 미안했다. 그는 이미 3남매의 가장이 되었고, 손녀가 금년 대학에 입학한 형편이다. 이런 때에 부모로서 그에게 어느 정도 생활비 걱정을 면하게 해주었다면 얼마나 떳떳했을까….

한 주간 간격으로 그들과 통화를 해본다. 수만 킬로미터 먼 곳에서 들려오는 말은 늘 신통치가 않았다. 말인즉 그가 근무 하는 뉴욕시에 있는 리먼브러더스 자회사가 다른 회사에 매각된다는 사실이다. 그 일이 미국 법원에서 허가가 나와야 하고, 그 회사를 매수해 들어오는 회사와 마지막 인수인계가 끝이 나야 직장 확보여하가 결정된다는 것이었다. 그 일이 무려 9개월이 되어갈 무렵에야 결정이 나서 그는 다행히 오너가 바뀐 그 직장에서 근무하게 된 것이다.

그간 가슴이 타들어가는 듯했다. 생활비 걱정이 되어 타진해 보면 어느 정도인지는 모르나 그 말로는 주급(Pay)을 받고, 일도 하고 있다며 우리만치 걱정을 안 하는 눈치였다. 그러나 그런 말은 우리를 안심시키는 말인 것 같고 생활에 어려움이 많았을 것은 불문가지이다.

미국의 실업자만도 몇 백만 명이고 날마다 구조조정 한다는 소식만 들려오는데 행여 새로 매수한 회사에서 구조조정이나 당하지 않을지 걱정이 태산 같았다. 정말 울면서 기도하지 않을 수 없었다.

2009년 5월 초에야 '뉴버거 버만(Neuberger Berman)'이란 회사와 리먼브러더스 간에 매각철차가 다 끝났다. 그러면서 '장남이 종전처럼 직원으로 살아남게 되었다'는 전화를 보내오지 않는가. 얼마나 감사한지 몰랐다. 하나님께서 그를 보호해 준 것이라고 굳게 믿는 것이다.

그동안 곁에서 지켜봐주지 못하고 수만리 타향에 있는 자식의 소식을 직접 보고 온 사람도 없어 더욱더 마음 조였다. 그의 처가에조차 알려주지 않은 것은 잘한 일인지 잘못한 일인지 모르겠으나 사돈지간끼리도 입을 다물고 살자니 그것도 미안한 일이었다.

그들이 사는 곳에 방문한지도 어언 14년이 흘렀다. 그가 모처럼 장만한 집에도 가보지 못해서 아쉽다. 만약에 나의 건강(파킨슨)이 회복된다면 미국의 하늘도 날을 수 있으련만….

2008년도 경제공항은 38년 만에 불어 닥친 공항이란다. 미국에서 주식이 떨어지면 조석의 시간차도 없이 세계 금융권이 요동친다. 우리나라 주식도 2,000원 선에서 900원대까지 하락하더니 얼마 후엔

1:900원대의 환율이 1:1600원까지 폭등했다. 1998년에 우리 한국이 독자적으로 겪은 IMF는 얼마나 혹독했던가. 겨우 10년이 지난 후 또 다시 경제공황을 만나게 되니 환부가 치료되기도 전에 모든 경제 분야가 다시 만신창이 되어 여타 나라보다 더 힘든 형편일 것 같다. 다만 우리만 겪는 대란이 아니라는 점에서 정책 당국이 국민에게 덜 미안할 뿐이다. 노동자 해고를 하지 않고 지날 수 있다면 얼마나 좋으랴!

구조조정을 해야 만이 기업들이 살게 될 형편인데 한국의 노사간의 환경은 OECD 57개국 중 56등으로 악화 되고 있다고 한다. 문제해결은 사측보다 노조 측이 더 양보를 해야만 할 형편인데 우리나라 노조의 성격으로 보아서 여간 딱한 일이 아니다.

이처럼 우리는 글로벌화 시대에 살고 있다. 미국을 비롯한 온 세계가 다같이 이 고비를 잘 넘기기를 소원해본다. 그런 결과로 우리나라도 1988년도 올림픽대회 후처럼 경제도약의 시대로 회생하기를 두 손 모아 빌어본다.

사나이 큰 꿈을 안고 유학까지 간 장남이 더 이상 실직이란 문제로 고민하지 않고 성공의 날개를 달고 미국 사회에서 대한민국의 문화사절단의 역할까지 하기를 학수고대 해본다. (2009년 5월)

선거운동의 충격

내가 속한 기독교계의 안타까운 이야기다.

총회(노회 지역 총대 회의)의 하이라이트인 총회임원선거를 눈앞에 두고, J시의 J교회당에서 천여 명의 전국 총대들이 만원을 이루었다.

9월 어느 날 저녁, 내가 SH노회의 총대석에 앉으려는 순간 R총대로부터 윙크를 받았다. 그 윙크는 에로스적이 아닌 것이어서 정감이 없었다. 혹여 탈법적 선거운동이 아닌가 싶으면서도 그 곁에 앉았다. 짐작한대로 돈 봉투를 내민다.

"누구로부터 부탁 받은 것입니까?"

"CH 목사(부총회장 후보)의 것입니다" 라고 그는 대답하는 것이 아닌가.(부총회장으로 당선된 후보는 익년 도에 선거 없이 자동 총회장이 됨)

"이래서 되겠습니까? 당장 출처로 돌려주시오" 라고 말하며 나는 흥분을 억제하느라 무척 힘이 들었다.

매년 9월의 일간지에서 '모모 교단 총회장 선거에 몇 억씩….'이란 질타의 기사를 단골메뉴로 접할 때마다 '너무 부패해 가는구나!' 한숨을 몰아쉰 적이 한두 번이 아니었다. 그런데 그날 객관화된 그 부정선거를 사실로 경험하게 되자, 그대로 묵인해서는 안 된다고 생각되었다.

평신도들이 교회 지도자를 비평하는 것에 이해가 됐고, 나라가 잘못 되어 가는 원인이 규명되는 순간이었다. 그것은 총대들마저 '봉투는 받되, 금전에 좌우되지 않고 투표하면 되지 않느냐'라는 생각이 팽배해 부정선거에 불감증이 되어버렸기 때문이다.

정신문화의 기층역할을 할 종교의 수장을 뽑는데 매표행위를 한다면 그 총회가 속한 사회와 나라가 하나님의 벌을 받는 것은 명명백백하지 않는가.

근 20년 동안 다른 교단에서 총대, 또는 장로 부총회장을 맡는 동안 거의 발언을 자제해 왔다. 그러나 그날만은 용기를 내어서 발언하는 것이 지상명령으로 여겨졌다.

그 넓은 교회당에서 발언권을 얻으려면 젖먹이 힘까지 쏟아서 요청해야 될 것 같았다. 다행히 발언권을 얻게 되면 빠른 시간에 마이크를 잡고 기습적인 발언을 하기 위해 맨 앞에 앉았다.

내 나름으론 총회의 분위기를 깨지 않는 범위에서 한 요지의 성명을 하려고 했다.

"투표에 임할 총대 여러분, 우리는 사회의 비리를 지탄하기 전에 우리 총회가 올바른 선거를 해야 합니다. 돈 봉투를 돌리신 후보자는 이 선거에서 당선되더라도 그 자리를 용퇴하십시오. 이미 돈 봉투를 받으신 회원은 투표는 양심에 따라 하되 선거가 끝난 다음 반드시 그 봉투를 출처로 반환하시기 바랍니다. 예수님이 통곡하고 계십니다…"라고.

약간 설왕설래 중 "지금부터 투표에 들어가겠습니다."라는 총회장의 선언이 있었다.

"회장, 회의 진행에 대한 발언을 하겠습니다. 언권을 주십시오."

오른 손을 높이 들고 주위사람들의 귀청이 떨어질 듯이 소리를 질렀다.

교회당 안이 갑자기 긴장이 감돌았다.

사실은 말하고 싶은 주제를 미리 말하면 회의 성격상 언권을 주지 않을 것이 뻔해서, 회의 진행에 대하여 할 말이 있다고 핑계를 댔던 것이다.

사회자가 "잠깐 기다립시오." 우선멈춤의 사인을 하는데 기다릴 수밖에 없었다. 그러나 유명한 목사회원이 나오면 언권을 주었다. 그 후 두 번이나 거수를 하며 외치는 내 소리는 묵살해 버리고 이어 목사부총회장 선거부터 진행해 버렸다.

정의를 위해 부르짖고 싶은 자에게 억울하게 하다니! 그 총회에 정직한 선거문화가 정착되기 전에는 익년 도부터 총회 출석을 않기로 결심했다.

나의 소속노회(총회의 하급회의 기관)에서는 좌불안석이었다. 예전 회의 때는 거의 말을 아끼던 사람이 느닷없이 소리 지르고 나가 발언을 신청하는 것을 보고, 틀림없이 "돈 봉투 이야기를 꺼내 찬물을 끼얹으면 어떻게 하나." 초조했던 모양이다. 노 회장 또는 장로대표가 번갈아가며 나에게 "무슨 이야기 하려는 거냐?" 진의를 파악하느라 바빴다. 그러나 그분들에게는 걱정 말라고 달래 보내며 진의를 감추었다.

그날의 사회자의 눈에는 파랑색 명찰을 단 목사 총대는 보였어도 노란색 명찰을 단 장로총대는 보이지 않았나보다. 그 차별화에서 받는 상대적인 모멸감을 지울 수가 없었다.

그 일을 겪고 난 후, 어렵게 총대로 뽑혀 참석한 총대의 지위가 나락의 신세가 된 느낌이었다. 사회 비리에 대하여 통탄도 했고 비판도 했지만 사회의 부정부패는 종교의 부패에서 기인됐다고 생각할 때 이후부턴 세상사에 대한 비판은 함구해야 한다고 생각되었다.

총회 중, 수요 예배 때 O 목사의 설교가 있었다. 그분은 "언제까지 돈 봉투로 선거할거냐, 이러한 부정으로 만연된 불감증에서 회원들은 언제 깨여날 것이냐?" 라며 서슴없는 설교를 했다. 나는 그 설교에 어느 정도 한을 푸는 기분이었다.

요는 개혁의 실행이 문제다. 개혁운동의 시동이 걸려야 하는데 그것은 아무래도 목사지도자들의 몫이라고 생각되었다. 총회를 마치고 귀가한 후 나는 신, 구 총회장과 개혁성이 있는 다섯 분의 목사들에게 심지의 일말을 청순한 백지에 그려 편지로 보냈다. '우리 총회의 개혁은 당신들의 몫입니다'라고.

부패정도가 일반 총대들에게까지 만연된 지 너무 오래다. '오늘은 누가 점심 값 안 주려나?' 돈 봉투를 기다릴 정도가 되어버린 느낌이다. 장로 총대들만이라도 개혁을 할 수 없는지 안타깝기 그지없었다.

오늘의 개신교의 근원을 찾자면 루터의 종교개혁을 들 수 있겠다. 현대교회의 지도자들은 루터와 같은 성직자가 되어져야 한다고 생각한다. 하나님께서 긍정적으로 수용할 때까지 말이다.

법률적이기보다 도덕적이길 원한다. 그 도덕은 종교적인 바탕위에서 성립되는 것일 게다. 그런데 종교의 최고 지도자를 뽑는데 법으로도 용납이 안 되는 일을 하게 되니 성경을 짓밟고 가는 것 같아 안타깝다.

차라리 나와 관계없는 교단의 일이라면 감히 지상고발을 할 수 없을 것 같다.

궂은일은 집안끼리만 의논한다는 데, 나는 하늘에 침 뱉는 식으로 집안문제를 고발하고 있어 마음 편치 않다. 혹자는 너만 잘 믿어 똑똑한 체 하느냐? 라고 육박 지를지 모른다.

총회의 부정선거가 매년 일간지에 기사화 되는데도 그 시점까지 시정이 안 되어 안타까웠을 뿐 아니라 총회 당일에마저 현장고발을 봉쇄당했기에 개혁을 촉구하는 의미에서 지상고발을 하게 된 것이다.

마음이 너무 괴로워 회의 마지막 날을 불참하고 귀가했다. 그 총회 마지막 날에 앞으로의 선거제도를 제비뽑기 식으로 가결했단다. 부정선거에 대하여 고심하는 면이 보여 다행으로 여기면서도 법과 제도 이전에 신앙적인 개혁이 있었으면 하는 아쉬움은 여전했다.

(2000년 10월)

씨받이

어느 날, 임권택 감독, 강수연과 이구순이 주연으로 연기하는 「씨받이」 영화를 관람했다.

5월의 연둣빛처럼 애련한 17세의 아가씨, 그는 찌든 가난 때문에 무자(無子)한 어느 양반 종가의 대를 이어주기 위하여 전답 열 마지기에 씨받이로 팔려가게 되었다. 빈대처럼 납작한 초가를 나와 가마를 타고 가던 중, 목적지에 가까워지자 검정 띠로 그의 눈을 가리고 가마에서 내리게 했다. 그 후에 그는 행방을 모른 채 인도자의 안내로만이 종갓집 대문에 들어섰다. 일단 집에 들어간 후로는 대문 밖 출입을 할 수 없을 뿐 아니라 외부에마저 씨받이처녀 자체가 비밀에 붙여졌다. 상대의 남자와 합방할 때마저도 문 밖에 앉아있는 아씨(본부인)의 감시를 받아야만 했다. 연극을 완벽하게 하려면 합방하기 직전에도 여자의 눈을 가렸어야 했다 그런데 그렇지 않았다. 양반의 씨받이 법도가 더 모질지를 못했었나보다.

다행히 임신이 되어 열 달 만에 옥동자를 낳았다. 그런데 출산 하루 만에 약속대로 종가에서 열 마지기 토지문서를 주면서 처음 들어올 때와 같이 또 눈을 가리고 그 집을 떠나라고 재촉했다. 그러면서 아무도 모르는 곳에서 흔적 없이 살라고 했다. 떠나기 전에 자기 애 한 번만 보고 가겠다는 산모의 울부짖음에도 아랑곳없어 관객들의 눈물이 뜨겁다. 바로 이런 일이 씨받이의 전통이었다.

한마디로 여자의 인권이란 손톱만치도 찾아볼 수가 없었다. 아울러 생모도 모른 채 타인을 친모라며 속아 자라는 유아의 인권 역시 마찬가지였다. 그렇게 우리 조선조(朝鮮祖)는 너무 가난하고 무지한 미개시대를 살아왔다.

나의 어머님께서는 청사초롱 앞세워 꽃가마 타시고 시집 오셔서 아버지와 정상적인 부부생활을 하는 중에 날 임신하셨다는 것을 살아오면서 듣고 알게 되었다. 그렇게 미개한 지경에서 내가 태어나지 않았음을 감사한다.

그 영화에 의하면, 아씨는 결혼한 지 5년이었고, 이제 나이 28세밖에 안 되었다. 본색이 예쁜데다가 꽃 같은 시절이 아니었던가. 그래서 신랑은 부인더러 씨받이를 데려오지 말고 더 기다려 보자며 부인에게 끊임없이 졸랐다. 그러나 종가 체통이 무엇인지, 아들 못 낳는 게 무슨 죄인지 문중은 물론이요, 시어머니가 성화였다. 며느리로서는 애 못 낳는 것이 칠거지악의 하나란 가위에 눌려, 고육지계(苦肉之計)로 신랑에게 씨받이를 데려오자고 졸라댔다.

그 당시 이름난 씨받이 마을이 따로 있었다. 그 마을 뒤 산세가 여자의 음부처럼 생겨서 그 마을에 지관들의 발자국이 잦았다. 따라서 그 동네는 씨받이 복덕방이 있었고, 촌락의 대부분의 화두 역시 씨받이 이야기였다. 영화의 주인공의 어머니 역시 이전엔 아들을 쑥쑥 낳는 씨받이 선수였는데 어쩌다가 그만 딸을 낳아버렸다. 그 일로 그는 씨받이로 들어갔던 집에서 쫓겨나 초근목피의 신세가 된 것이다.

씨받이가 자기 집에서 출발하기 전, 애를 잘 낳게 하는 방법이라면서 그의 배꼽에다 쑥뜸을 하고 쇠꼬챙이로 지져대는데 그 고통 하는 모습은 보는 사람의 단장(斷腸)을 느끼게 했다. 종가에서 씨받이에게 먹을거리와 의복을 주는 것은 한 여자에 대한 대우가 아니라 오로지 뱃속에 아들만을 위해서였다.

씨받이의 처음 합방은 의도적인 무감각운동에 불과했다. 그러나 다음부터는 그들 간에 애정이 싹터갔다. 결국 사랑이 넘치기 시작해, 그 둘이 다른 밀회장소를 찾아 애정행각을 벌리는 모습은 점입가경이었다. 짐승이 아닌 사람인데 당연하지 않겠는가. 그 세월을 겪는 아씨는 나중에 질투하며 눈물을 짜고 있었다.

씨받이가 입덧을 하면 아씨도 입덧을 하는 시늉을 하고, 씨받이가 배가 불러오면 아씨도 배 위에 솜을 넣고 임신티를 내는가 하면 산기가 있어 진통하는 순간에는 아씨도 진통을 하는 척 했다. 그 애를 아씨가 낳았다는 속임수겠지 싶어 그것을 보는 순간 현대의 희극이 그런 종가에서 시작되었나 싶었다.

씨받이의 실존을 완전히 숨겨놓고, 아씨가 산모 역 하는 연극이 공간적으로 얼마 동안 가능했을지 모르지만 시간적으론 불가능하다는 것은 몰랐을까? 선대들의 속이는 문화가 먼 후대에야 밝혀진 것 같지만 사실은 그 당시도 가난한 백성들이 종가들의 상투 꼭지 위에 앉아 있었을 것이다.

핵가족화가 되고 호주 제도마저 폐지되어 여존남비(女尊男卑)의 세상으로 바뀔 것을 누가 예상할 수 있었을까.

종가의 대를 잇기 위해 씨받이를 동원해서 애정 없는 아들을 생산케 했던 것은 우리 선조들의 무지에서 비롯되었다고 할 수 있겠고, 남존여비 사상은 인격에 대한 바른 가치관이 없었음일 것이다.

현대인은 어떤가? 홀트아동복지회가 설립된 후, 50여 년의 통계를 보면 가공스럽다. 애정 없는 불장난의 결과로 쏟아 놓고 달아나버린 영아들을 국내 입양한 것만 해도 2만여 명이었다. 아마도 해외입양아는 훨씬 더 많았을 것이다.

어느 사회학자 통계에 의하면 해마다 시설에 1만여 명의 영육아들이 입소된다고 한다. 물론 그 중에 사고와 가정파괴로 생기는 애들도 있겠지만 대부분은 미혼모들이 버린 애들이다. 애정 없이 잉태하는 남녀의 불륜이 이토록 사회문제를 야기하고 있는 현실이다. 무엇보다도 애정 없이 출산하는 불륜의 생명들, 생부모 모르고 자라는 유아의 손상되는 인권은 누가 책임져야 하는가. 젊은이들에게 올바른 가치관을 가지고 이성교제를 하라고 강권하고 싶다. (2007년 추천작가회 동인지)

2부

마이동풍 6년째

· 서해교전 시 북조선 군함으로부터 사격을 받아 20여 명의
우리 해군이 사상 당한 것은 북한군이 우리 영해에 나타나도
선재공격을 못하게 묵시적 지령이 되어 있었기 때문이란다.
이러다 보니 남한 땅은 친북 이념적 성향의 똘마니 및 간첩들이
활보하기에 좋은 세상이 되어버렸다.
이런저런 구실 하에 남한에서 북한에 지원한 달라는 결국
핵 개발과 여타 살생 무기를 생산해서 악조건의 부메랑으로
작용해 왔다. 우리 정부는 간도 쓸개도 없는가.
사사건건 김정일의 비위만 맞추려는 처사에
국민은 울화통이 터질 지경이다.

마이동풍 6년째

시청 앞 전철역을 내리자 안산에서 오는 민 선생(문우)을 만나 반가웠다. 그도 궐기대회에 참석하러 가는 중이란다.

"진보 측에서 하는 행사는 TV 방송해주는데 보수측에서 하는 행사에 대해선 인색해요. 그런 방송을 공영방송이라 할 수 있겠소?"

푸념 섞인 내 말이 끝나기도 전에 동행했던 분이 "우리가 주머니 추렴이라도 해서 자주 이런 행사를 가져야 해요" 라며 걸음을 재촉하고 있었다.

지하철 출구를 나가 시청 앞 광장에 이르자 여자 측은 젊은 층이 보이지만 남자 측은 거의 나이 든 분들만 나왔다. 그 인파로 광장이 가득 일렁이고, 가끔 아나운서 멘트로 인파가 광화문, 서울역, 명동까지 연결되고 있다는 거였다. 각 종교단체 및 사회단체의 참여수도 무려 110여 개란다.

대형 태극기와 성조기 유엔기가 애드벌룬에 묶여 공중에 드리워진 그 모습은 흡사 소녀가 머리 방울 핀을 꽂고 있는 모습이었다. “침묵 깬 애국시민, 반역세력 진압하여 나라의 주인임을 보여주자!” 등의 수많은 플래카드와 “애국시민 소리치면 반미세력 숨죽인다.” 등 많은 피켓들이 국민들의 불만을 웅변하고 있었다. 손에 태극기와 성조기를 들고 흔들어 구호를 외칠 때마다 꽃물결인 듯 찬란했다. 별의 숫자만큼이나 많은 풍선을 날릴 때 그것들이 하늘로 오르고 또 오르는 것은 우주역사의 섭리자인 하나님께 국민의 답답한 심정을 전달하기 위한 모습이었다. 반핵, 반김, 자유통일, 3·1절 국민대회가 그렇게 진행되고 있었다.

오늘의 행사에서 서막으로 나라를 위한 기도회가 있었다. 그 일이 끝나자 국민대회 대표인 이상훈 정원식 등 여러 전직 고위 인사들이 등단해 3·1절 독립정신을 기조로 하여 현안(懸案)을 깨우쳐주는 연설을 했다. 그 궐기사를 들을 때 ‘이 나라의 지식인들이 잠자고 있지 않았구나.’라는 생각에 흐뭇했고, 미국 정부 또는 반한의 미국인들에게 이러한 소식이 전해졌으면 싶었다.

연단에서 결의문을 선언할 때, 만세 삼창할 때마다 목청이 터지도록 외쳤고, 기를 흔들었다.

오늘 이렇게 궐기할 수밖에 없는 이유는 분명하다. 과거정부가 대한민국 정부인지 김정일 정부인지 모호해져서 불만과 의문투성인 데다가 새 정부마저 전철을 밟으려는 징조가 농후해 보여 서였다. 따라서 6·25를 경험한 연배들과 지식인들은 안보위기의식을 느껴 이 일을 기획하고 시민들도 이 집회에 동참했다.

개인들이 사회생활 하는 데도 모호한 태도는 신망을 잃어버리는 건데 하물며 4,500만 동포의 리더인 대통령의 모호성을 보고서야 더 말할 나위 있으랴.

국민의 정부에서는 5년 동안 국민이 바라는 상호주의 원칙을 무시하고, 일방적인 햇볕정책을 펴며 몇 번의 이산가족 상봉 외에는 김정일이 원하는 대로만 끌려갔다. 쌀을 갖다 주면서도 그 배에 태극기도 꽂지 못하고 북한 항구에 입항했다. 미전향 간첩을 보내 주면서도 우리의 납북인사와 국군포로 송환문제에 대해선 노력하는 흔적이 안 보였다.

서해교전 시 북조선 군함으로부터 사격을 받아 20여 명의 우리 해군이 사상 당한 것은 북한군이 우리 영해에 나타나도 선재공격을 못하게 묵시적 지령이 되어 있었기 때문이란다. 이러다 보니 남한 땅은 친북 이념적 성향의 똘마니 및 간첩들이 활보하기에 좋은 세상이 되어버렸다.

이런저런 구실 하에 남한에서 북한에 지원한 달라는 결국 핵 개발과 여타 살생 무기를 생산해서 악조건의 부메랑으로 작용해 왔다. 우리 정부는 간도 쓸개도 없는가. 사사건건 김정일의 비위만 맞추려는 처사에 국민은 울화통이 터질 지경이다.

차제에 미군 장갑차 여중생 압사사건은 우리 국민의 자존심을 상하게 하는 계기가 되었다. 과실 치사한 군인을 무죄판결 했다는 것은 억울한 일이고, SOFA 개정을 부르짖으며 한 번 쯤은 '미군 물러가라'고 성토할 만한 일이라고 여겨진다. 그러나 피해자에 대한 보상금은 물론 미국의 대표 격인 주한 미 대사로부터 공식적인 사과 또는 부시대통령의 사과전화까지 접수한 바 있었음에도 불구하고 촛불시위를 장기적으로 하면서 반미시위까지 이르게 된 것은 지나친 감이 없지 않다고 생각된다. 그런 극단의 사회분위기가 조성되어가도 그런 상황을 적극적으로 잠재우려는 정부의 노력이 보이지 않는데 대하여 대다수의 국민이 불안해하는 것이다.

대한민국은 혈맹인 미국을 의지할 수밖에 없는 것이 현실이잖은가. 무역관계에서도 그렇고 우리가 절대로 간과해서는 안 될 것은 미국은 50여 년 간 동맹관계인 혈맹이요, 6·25남침 때 우리의 구원자이다. 그 전쟁 시의 통계자료에 의하면 미군 전사자 33,629명 부상자 103,284명 실종자, 5,178명으로 미국 전사자가 15개 유엔국 전사자 합계와 거의 맞먹는 숫자였다. 국군의 전사자가 58,809명인 것을 감안하면 지원국으로서 너무 많은 희생을 치르지 않았나 싶다. 그 일을 생각하면 감히 반미의 감정을 가질 수 없다고 여겨진다.

그러나 그런 문제에 대한 정부의 태도가 모호하므로 인해 기성세대와 신세대, 극우와 극좌, 보수와 개혁, 친북과 친미파로 불리는 양극화 현상이 형성되어가는 것을 어이하랴! 대통령의 독단적 햇볕정책(노벨상 수상에 연결 짓기도 하지만)을 성공시키기 위해 5억 달러를 변칙적인 방법으로 6·15 정상회담 직전에 김정일에게 송금했다는 것은 특검조사에 앞서 국민의 분통이 아닐 수 없다.

새 대통령 선거 시 국민 중에 상식 있는 대부분이 대북정책이 모호한 후보자를 찬성하지 않은 것은 분명했다. 역시 새 대통령이 당선 후에도 한미 공조보다는 김정일이 상투적으로 말하는 민족자주를 말하며 제3자인 양 북미 사이에서 중재역할을 말하고 있다.

우리의 현실은 김정일에게 비위 맞추는 것보다는 절대적인 한미공조가 우선이라고 생각된다. 미군은 감축 내지 한강 이남에 그들을 재배치하고, 정, 싫다면 한국을 떠나겠다는 것이 미국 국민의 여론이 아니었던가. 사대사상은 근절해야 한다. 하지만 미 국민의 비위를 거스르는 말을 경솔하게 해서도 안 되는 것이 우리의 현실임을 알아야 할 것 같다.

미국 정부에서는 '자기들이 적으로 생각하는 북조선'을 한국 정부는 적으로 보지 않는데 어떻게 동맹관계가 유지되겠느냐고 한다. 북한 동포를 우리 동포가 아니라고 누가 말하겠는가. 그러나 북한의 체제만은 동포의 범주에 넣을 수가 없다. 아무리 아니라고 해도 155마일 군사분계선에서 남북이 대치하고 있는 현실이기 때문이다.

북한 체제는 92년도의 남북협정, 94년도의 제네바 협정을 파기했고, 그들의 체제만을 유지하고, 핵무기를 만들기 위해서 300만의 동포를 굶겨 죽일 수밖에 없었다. 그러한 일에 진보적 친북파는 햇볕정책이 효자였다고 말하고 있는 것이다.

6·25를 경험한 세대, 또한 국가안보를 깊이 생각하는 사람은 지금 북한의 핵 개발에 위기의식을 느끼기에 앞서 핵무기 개발에 일조를 한 국민정부의 안이한 사고에 분통을 느껴 왔던 것이다. 참여정부도 역시 그 문제에 대하여 모호하기 때문에 또 위기의식을 느껴, 오늘 이렇게 궐기한 것이라고 생각된다.

물론 북한의 핵폭탄은 우리에게 직격되는 가공의 공포라고 생각된다. 그래서 그들이 핵무기를 가질 수 없도록 하는 것이 또한 우리의 노력일 것이다. 그런 일을 효과적으로 하기 위해선 친북똘마니들의 미군철수요구를 방치할 것이 아니라 오히려 한미동맹을 공고히 해야 하지 않겠는가. 궐기의 의의가 거기에 있는 것이리라.

6·25를 역사적 페이지에서만 아는 것과 경험해 본 것과는 천지차이일 것이다. 53년 동안 그네들이 남한에 대해서 어떻게 했는가의 과거 역사를 살펴보고, 아울러 국민정부에서 베풀어준 햇볕정책의 결과가 무엇이었나를 성찰한 나머지 대북문제와 한미 공조에 대해서 모호한 태도를 지양하고 노무현 대통령이 명쾌한 태도를 보여줬으면 하는 바람에서 본 궐기대회에 참석한 것이다. (200년 『월간문학』)

6·25세대의 조바심

3월 12일에 사상 유례 없는 대통령 탄핵 안을 하자(瑕疵) 없는 의결 절차에 의해, 가 193표 부 2표로 국회가 가결하여 그 소추사건이 헌법 재판소에 넘어가 있다.

그날 밤부터 탄핵안결의에 반대하는 촛불시위대가 성난 파도처럼 매일 밤 광화문거리를 누비며, 사회의 혼란을 잠재우는 역할을 해야 할 티브이 방송마저 편파적인 방송으로 불난 곳에 부채질하고 있다. 대의기관은 완전히 무시되고, 현 정권의 대중영합정치의 단면이 극대화되어 가히 무법천지라고 해도 과언이 아니다.

친노(親盧)이건 반노(反盧)이건 간에 흥분의 도가니에서 헤어 나올 수 없는 지경이 되었다. 마치 4월 15일에 17대 국회의원선거를 하게 되어 있어, 연일연야 티브이에서 탄핵결의안 반대당의 지지상승여론을 기다렸다는 듯이 보도하는 바람에 탄핵안을 가결한 당은 추풍에 굴러가는 낙엽신세가 되었다. 그에 반해 노란 잠바차림의 정당이나 노 정권의 측근사회운동단체들은 날개를 펴가고 있다. 금 번 총선으로 100퍼센트 여당천지가 될 것 같아 내 체구가 콩 알처럼 줄어든다. 따라서 반미(反美) 친북(親北)의 세상이 눈앞에 다가온 것 같아서 벌써부터 으스스한 느낌이 든다.

6·25동란을 치르고 휴전협정을 맺어온 지 어언 반 여 세기, 그간 자유민주주의와 시장경제의 터전을 다져오는데 6·25세대가 얼마나 각고의 노력을 해왔던가! 이 나라 젊은 세대라면 그런 역사의 연장선상에서 태어났음에도 불구하고 그들 중에 대다수가 김정일 체제를 찬양하는 반면, 한국동란 때 부산 일우까지 쫓겨 갔던 대한민국을 복원시키기 위해서 3만 3천 6백여 명의 전사자, 10만 여 명의 부상자를 낸 미국을 향해서는 돌을 던져왔다. 이번에는 그 세대들이 탄핵가결 규탄을 하고, 그와 한통속인 정당이 4·15선거 때 국회 의석을 휩쓸어버릴 듯한 양상에 늙은 세대는 조바심을 진정시킬 방법이 없으니 어이하랴!

나는 김일성 군대가 평화의 정적을 깨고 남침할 때 18세였다. 그때 전쟁상태였으니 피아가 동족을 죽이고 국가재산을 손실시킨 것은 예외로 치자. 인민군에게 점령당한 후 3개월 동안 그들의 통치를 경험했는데 정신적으로 말라죽어 가는 기분이었다. 사법제도는 인민재판이었다. 세금 징수를 위해서 벼알을 낱알로 세고 있었다. 일체의 종교를 허용하지 않고 교회당은 그들의 군대 막사로 접수해버렸다. 부자지간의 윤리보다 당과 동맹(同盟)이 우선이었다. 인간냄새를 맡을 수 없는 황폐한 정신세계였다. 자기가 아무리 노력해도 그에 상응한 혜택을 누릴 수 없어 상식이 통하지 않는 경제제도였다. 그들의 정책 자체가 너무 잔학해서 휴머니즘을 꿈꾸는 사람은 제대로 숨 쉴 수 없는 세상이었다.

다행히 맥아더 원수의 지휘하에 인천상육작전이 성공되어 실지회복을 해서 우리는 폐허의 구릉에서 허리띠를 졸라매고 보릿고개를 살아가며 연금이나 보험은 상상도 못한 채 나라의 재건과 2세를 가르치는 일, 국민복지의 기초를 세우는 일 외에는 여념이 없었다. 그렇게 해서 이룩해 놓은 것이 오늘의 대한민국이다.

그런데 국민정부가 들어서면서 햇볕정책이란 미명하에 김일성의 주체사상과 김정일을 흠모하는 사조가 그 이전보다 남한의 젊은 세대에 더 흡입되어 갔다. 국민정부 때는 친미는 확고히 하면서 친북을 했지만 참여정부가 들어서면서부터 친북에다 반미까지 겹쳐가는 양상이 되었다. 뿐만 아니라 민족공조, 자주국방이란 미명하에 김정일 체제에 비위맞추느라 노무현 정부는 북한에 대한 유엔 인권결의안마저 기권하고 말았다. 보수진영이 없었다면 벌써 한미동맹은 와해되어버렸을 것이다. 현 정부에서 헌법에 준한 100퍼센트 확실한 국가관을 갖고 통치를 했다면 이렇게 안보가 허물어질 수가 있을까? 지금 우리는 인공기를 들고 북쪽을 향해 프러포즈를 하는 건지 우리 대한민국이 침몰해도 좋다는 것인지 갈피를 잡을 길이 없다.

언필칭 신세대들, 개혁 드라이브를 고양하는 대통령의 측근들이 줄줄이 정권초기부터 감옥에 가고, 장관직에서 물러나야 했다. 총선을 위한 공천심사를 앞두고 티 없는 국회의원마저도 구세대라는 이유만으로 싸잡아 물갈이해야만 하는 것이 타당한 일일까? 대통령을 만들어

준 모당(母黨)을 배척하면서 태어난 정당은 더 걱정이다. 그 리더가 "60대 70대는 투표를 안 해도 괜찮다"고 말하면서 "그 늙은이들은 무대에서 퇴장하실 분들이다." 라는 말을 서슴없이 내뱉는다. 그 당에는 보안법 폐지하자, 북쪽의 말대로 민족공조하자는 사람이 대부분이다. 북쪽을 왕래하며 실정법을 위반했는데도 그 교수를 개선장군처럼 떠받드는 정부와 여당이기에 과연 그 당이 이 나라를 어디로 끌고 갈 것인지 조바심이 안 생길 수 없다. 어린이들에게까지 김일성 정책을 찬양하는 교육을 시키는 전교조가 이 정부 들어와서 더 활개를 치고 있다. 철저하게 중립을 지켜야 할 공무원노조가 선거판에 뛰어들어 특정정당을 지지하다니 어불성설이다.

한 나라의 수장은 사전선거운동도 대의기관을 무시한 대중영합주의도 금물이라 생각된다. 그런데 우리 대통령은 '노사모'를 격려하며 '열우당'의 지지발언을 서슴치 않아서 중앙선관위에서 대통령에게 공무원의 중립의무를 위반했다고 했다. 그에 대하여 야당에서 국민 앞에 사과하라고 요구했는데 사과는커녕 재신임 연계발언을 해 탄핵 정국에 불을 집혔다. 국정의 수장으로서 나라의 위기대처 능력이 그 뿐이었던가? 그런 대통령을 뽑은 우리는 서글픈 국민이다.

7, 80년대의 노사관계에서나 있을 법한, '가진 자와 못 가진 자의 분배정책'에만 몰두하다가 우리 경제는 뒷걸음질을 칠 수밖에 없었다. IMF 때보다 더 어렵다고들 한다.

대통령도 그렇고, 그가 등에 업으려고 하는 신당도 역시 대의정치보다 대중영합정치에 매혹을 느끼는 현상이다.

이상에 열거한 모든 부정적인 통치 및 정치형태를 십분 이해해주자. 거두절미하고 아직도 주사파의 이념이 다시 살아나려고 하는 경향만은 묵과할 수가 없다. 나라의 온 세상이 불그죽죽해져가고 있다. 그런 판에 친북 성향의 무리가 60퍼센트나 포함되어 있는 정당이 17대 총선에서 국회의 개헌선 이상을 차지한다면 이미 요소요소에 심겨진 주사파들과 합세하며 보안법을 폐지시킬 거고, 김정일이 주장하는 연방정부안이 대두 안 된다고 누가 장담하겠는가.

민족공조란 차원에서 북에 대한 경계가 느슨해지고 반미 감정만이 확산되고 있다. 1950년도의 사변 전처럼 미군이 한반도에서 떠나버릴지도 모른다. 오죽해야 13명의 전직 국무총리들이 염려하는 시국성명을 발표했겠는가. 김수한 추기경이 3월 21일에 시국에 대하여 두 번째의 담화를 하면서 "탄핵문제로 국론이 분열되어서는 안 된다. 헌법재판을 차분히 기다려보자."라는 원론적인 말을 했다. 그 말에 비판을 가하는 천주교 신부가 있다. 6·25당시 김일성 사회주의 정책을 경험해보지 않은 사람은 체험적 정보가 없으니 남북관계의 현안에 대해서 나이 많은 사람들의 말에 귀기울여달라고 애원하고 싶다.

총선 일정이 D-12일이다. 이 나라의 운명을 물론 하나님의 섭리에 달려있지만 젊은 유권자들은 감상적인 면에서 벗어나 나라의 장래를 생각하고 투표할 일이다. 국회의석의 2/3를 여당에 가지 않도록 투표를 해야 하고, 야당에게 견제세력의 의석수를 만들어줘야 할 것이다.

다행히 좋은 세상이 온다고 한들 늙은 세대야 얼마나 햇빛을 보겠는가. 다만 고삐 풀린 망아지 같은 세대들일망정 그들이 우리 자녀이기에 쓴 소리를 할 수밖에 없다. 이런 심정을 수구세력 보수 세력 싸잡아서 빈정대는 자칭 개혁세대들에게 토로하고 싶다.

투표의 성향 발표를 보류하고 있는 3,40퍼센트의 부동층에 한 가닥 희망을 걸어보며 오늘 오후에 대학로에서 모이는 구국기도회에 참여하련다.

(2004년)

절규(絶叫)의 현장에서

"30년 보석상을 경영하는 동안, 요즘이 제일 장사가 안 됩니다. 차제에 수도이전을 한다는 것은 단세포적 발상입니다. 국력 소모할 때가 아닙니다. 국민이 모르는 탁상공론 중지해야 합니다." 남대문 시장 상인대표 A씨의 하늘을 찌르는 듯한 호소였다.

"외국 투자 위축, 경제침체, 밑바닥 국민의 사정을 알라"

종로에서 온 전업주부 대표인 U씨가 땅을 후벼 파는 듯이 절규했다.

수도이전반대 서울시민연합대표인 CH 교수가 대회사에서 "서울은 조국의 역사적 정통성과 상징입니다. 정권은 짧지만 국가는 영원합니다." 라는 말을 했다. 서울시 의회 부의장의 수도이전반대 결의에 대한 경과보고도 애절했다.

4천 7백만 인구 중, 반이 훨씬 넘는 국민이 이런 절규에 공감하고, 수도이전 반대 이유가 선명한데도 정부에서 일사천리로 수도이전을 밀어붙이려는 것을 생각하면 우리는 무거운 바위를 이고 있는 것 같다.

6월 29일 오후 4시, 서울 시청 앞 광장에서 열린 수도이전반대 범시민궐기대회장에 발을 들여놓았다.

그 광장은 초록색 잔디광장으로 조성한 지 얼마 되지 않아, 평상시 그 잔디는 나의 심전(心田)에 초록빛깔 환영(幻影)을 그려줬다. 그런데 그 날은 그 잔디가 새까맣고 '수도이전 결사반대'란 공중 현수막에 묶인 네 개의 애드벌룬이 무게를 견디지 못해 지상으로 떨어질 것만 같았다.

무엇보다 "천도는 나라 죽인다. 경제부터 살려내자" 라는 연사들의 호소가 청중의 가슴에 불을 질렀다. 말로만은 안 되니 서울시의회 의장과 구(區)의회 의장 3명이 서울시민의 대표로 수도이전 항의삭발을 하므로 대회의 상징을 더욱 부각시켰다.

각 구 단위, 단체별로 들고 나온 피켓, 옥외현수막이 대회장 하늘을 뒤덮었고, 수도이전 반대라는 머리띠, 어깨띠가 청중을 뒤덮었다. 구호를 외칠 때마다 '수도이전반대'란 글자를 새긴 노란 머리띠를 상하로 움직였다. 그 동작은 마치 움직이는 웅변이었다. 나도 역시 수도이전이 중단되기를 비는 마음으로 마지막 순간까지 같은 동작을 했다.

나는 지금보다 훨씬 고즈넉했던 1949년부터 1986년까지 서울에서 살다가 과천을 거쳐 지금은 평촌(안양)으로 이사해 살고 있다. 비록 서울의 외곽인 수도권에 있지만 서울은 대한민국 심장이다. 아니 대한민국 국민이라면 누구나 나와 같은 생각일 것이다. 천도(遷都)반대 여론이 천도 찬성 여론보다 훨씬 높다는 데도 정부는 개의치 않는다.

수도는 국격(國格)을 높이는데 충족되어야 한다고 생각된다. 현재의 서울은 610년 동안 창연한 우리 문화 유적이 자리 잡아왔다는 점과

88서울올림픽과 2002년 월드컵 등 돈으로 계산할 수 없는 브랜드 파워라는 점에서 이 서울은 세계인들에게 한국을 상징하는 도시라고 정의할 수 있을 것이다.

수도이전은 꼭 필요에 의해서 발상된 게 아니라 2002년 대선 당시 노무현 대통령 후보가 충청권 표를 얻기 위해 공약한 즉흥적인 슬로건으로 국민이 다 이해하고 있었으며, 수도이전에 대한 16대 국회의결 당시 부결 정족수가 되는 한나라당을 기대했다. 그러나 총선을 앞두고 또 충청권의 표를 잃을까봐 한나라당이 천도를 졸속통과 시켜버린 것으로 국민 대다수는 분통을 삭일 길이 없었다.

물론 악법일지라도 수도이전법이 국회를 통과했으니 정부에서 하는 일이 정당하다고 하는 여당의 지론도 일리는 있다고 할 수 있겠다. 그러나 수도이전 문제에 있어서 노무현 대통령이 두 번이나 국민투표에 붙일 일이라고 선언한 바를 무시해서도 안 될 것이다.

따라서 이 국가적 중대사를 성사시킴에 있어서 그 일을 국민투표에 붙여달라고 하는 의견은 무엇보다 우선적인 일이라고 생각한다. 현실적으로 가장 문제가 되는 것은 우리의 경제가 너무 낙후된 상태라는 것이다. 천도 비용을 46조라고 정부가 발표하고, 다른 전문 기관에서는 수도이전이 끝마무리 할 때까지는 120조 원의 천문학적 비용이 든다고 추산하니 아연실색할 일이다. 또한 남북대치상태에서 미군마저 감군하고, 최전방의 그들이 전원 한강 이남으로 철군해버린 후의 서울을 지키는 것만이 우리 안보의 핵심일 뿐만 아니라 예측불허의 통일을 생각할 때에 수도이전은 더 신중해야 하는 것이 아닐까.

정부에서 서울은 경제수도로만 남아도 효용성이 있는 것처럼 이야기하지만 수도이전이 성사되었을 경우, 서울의 경제도시와 충청권의 행정수도를 왕복하면서 생기는 막대한 경제적, 시간적 비용도 생각해 보아야 할 것 같다.

다행히 '수도이전반대 서울 시민연합회' 대표 외 160여 명이 그 문제를 가지고 헌법재판소에 헌법소원을 접수시킴과 동시에 신행정수도 건설추진위원회의 효력정지에 대한 가처분신청도 헌법 재판소에 제출해 놓은 상태다.

국민투표 없이 수도이전을 추진한다는 것은 국론분열밖에 없을 것 같다. 아무리 좋은 일이라도 국민의 합의 없이 이루어놓은 것은 푸른 사과나무에 병든 사과를 달아놓은 거나 마찬가지다. 신용불량자가 400만 명이고 우리의 경제가 아르헨티나 꼴이 되어 가는 추세에 우리 국력으로는 도저히 그 비용을 감당할 수 없는 절박한 사정이다. 그들이 말하는 것처럼 수도이전을 언론과 야당에서 반대한다고 해서 정권 흔들기나 대통령이 싫어져서가 아니라 적어도 천년 대계의 앞날을 내다보는 몸부림이다. 한 번 더 사족을 단다면 수도이전 반대는 국민의 올곧은 정서와 현실에서 일고 있는 호소요, 경제 형편상 부르짖는 절규라는 것을 정부와 여당은 감안해 줬으면 하는 바람이 굴뚝같다.

(2005년 추천작가회 동인지)

기성세대의 과제

"어멈아, 금번 4·15 총선 전에 이 걸 꼭 읽어보고 투표하러 나가렴."

"아버님이 쓰신 거예요?"

"물론이지. 아범에게도 꼭 읽어보도록 부탁해다오"

「6·25세대의 조바심」이란 수필 한 편을 며느리에게 건네며 그렇게 말했다.

총선을 앞두고 지난 대선 때보다 더 조바심을 느껴 그렇게 나의 의견을 전달했다.

아뿔싸. 우리는 대통령 탄핵이라는 고비를 아슬아슬하게 넘겼다.

그 소용돌이는 4·15 총선의 결과를 낳았고, 친북과 반미의 빛깔이 하늘을 덮는다.

행여 자유민주주의와 시장경제가 무너질까봐 걱정이 태산 같다. 나라의 위기의식마저 느끼게 된다.

이 게 다 6·25의 전쟁사와 한강의 기적이라고 하는 경제부흥 과정을 신세대에게 제대로 가르쳐 주지 못한 응보라면 괜한 넋두리일까?

1950년도, 낙동강을 마지노선으로 부산 일우까지 쫓겨 갔던 대한민국을 오늘처럼 수복시키기 위해서 동맹국인 미국은 너무 큰 희생을 당했다.

사망 3만 3천여 명, 부상 10만 3천여 명, 실종 5천여 명. 그들을 배척하다니 웬 말인가!

300만 명의 동포를 굶겨 죽인 체제에 대한 유엔 인권 결의안표결에 기권한 정부와 정당엔 침묵하며 친북 성향을 고양하다니 전사한 양국의 영영들의 통곡 소리가 들리는 듯싶다.

감성적인 세대들, 그들에게 진보와 보수의 개념부터 제대로 가르쳐 줘야 할 듯싶다.

경험세대는 생생한 육이오의 경험을, 월남이 패망한 원인을, 아르헨티나가 10년 동안 포퓰리즘 정책으로 경제가 거덜 난 사실 등을 육이오를 피부로 느끼지 못한 세대에게 똑바로 알려줘야 한다.

기성세대와 신세대간의 대화와 토론장을 넓혀보자. 가정에선 자녀손들과, 직장에서는 후배들과, 지식인들은 강연으로, 문인은 글로, 목사는 설교로 말이다. 그 장소는 커피숍이나 사랑방이어도 좋다.

이런 일이 지는 해를 위해서가 아니라 내일에 뜨는 해를 위한 일이라고 신세대에게 전하고 싶다. (2004년 7월)

박산골 통곡은 언제 멎으려나?

천유문(天羑門/하늘로 인도하는 문), 위패봉안각 등 거창사건의 추모공원 안에 있는 건물들의 추녀에서 56년 전에 당했던 719명 희생자들의 눈물이 아직도 흐르고 있는 듯싶다. 천유교(박산골과 추모공원 연결 다리) 밑으로 흐르는 냇물도 거창사건의 통곡의 눈물인 듯싶다.

거창군 신월면 덕산리의 박산골, 창연골, 탄량골 주변은 풀과 나뭇잎도 울고만 있는 느낌이었다. 누가 그 눈물을 마르게 해주고 가슴에 맺힌 통한의 응어리를 쓰다듬어줄 것인가. 천근만근의 심정으로 그 골짜기를 벗어났지만 아직도 대지의 기맥(氣脈)에서 으스스함을 떨쳐버릴 수가 없다.

6·25 동족상잔의 와중에 미련하고 감정을 억제 못한 일부 군인들의 손에 의해 선량한 거창 양민들이 처참하게 학살당했다. 그럼에도 군부에서 그 일을 왜곡시켜 유족들과 온 국민의 분통을 터뜨리게 했다.

신승열이 추모시로 작시한 「서러운 세월, 그 상한 영혼을 위하여」

중에서 3연을 소개한다.

> 지금도 아픈 가슴 부여안고 살아가는 / 이 죽음 같은 천형을 누가 덜어 준단 말인가 / 세월은 상처를 무디게 한다지만 / 어찌 가슴에 그은 상처마저 씻어줄 수 있으리 / 끝내 남아 있는 자의 슬픔은 그래서 슬프다 / 그 서러운 세월의 끝자락을 헤아려야 하니 그래서 더 슬프다

6·25전쟁 시 유엔군과 국군은 실지 회복을 했기에 그 공이 크다는 것은 필설로 다 표현할 수 없다. 그럼에도 불고하고 그 같은 양민학살로 아흔아홉 번을 잘했으면서도 한 번의 잘못으로 승리의 전쟁사에 대한 장점을 약점으로 덧칠해버린 격이 되고 말았다. 그 당시 밤과 낮의 체제가 다른 세상에서 살아남기 위해서 공산주의자가 아니더라도 빨치산들에게 부역을 안 할 수가 없었던 것은 인공을 맞이한 지역에서 많이 경험한 사실이다. 설령 거창 양민들이 거의 적색분자들이어서 양민을 다 죽였다고 치자. 학살당한 자 719명 중에 15세 이하 어린이가 364명이었다는 점에 대해선 어떻게 설명할 것인가. 공비토벌 부대 중 무고한 생명을 존중할 줄 모르고 그런 일을 저지른 일부 군인들에게 처벌을 한 것은 역사적 후련함이리라.

녹음이 짙어가는 초여름, 나는 한국소설가협회 일원으로 고령의 대가야 박물관 견학, 거창 양민학살사건의 현장 답사, 악성 우륵(樂聖 于勒)과 거창을 재조명하는 세미나에 참석했다.

1박 2일의 행사 동안 작가를 대하는 거창 군수의 대접이 극진했다. 군 단위 자치단체의 고장 중에 가장 생기가 넘쳐보였다. 물이 청렬하고 맛이 있었다. 산새가 아름다웠고 문화 유적지, 관광명소가 많았다.

거창사과 딸기, 포도, 거창 쌀 등 특산품이 무려 열다섯 가지나 되어 거창은 신토불이의 고장이요, 관광고장이란 느낌을 가졌다.

그런 고장에 56년 전에 있었던 고통의 응어리가 아직도 풀리지 않아 산새(山鳥)의 울음소리마저도 슬프기만 해 안타까웠다.

거창사건은 6·25전쟁 중 지리산에서 숨어 활동하는 북한군과 빨치산 소탕작전을 하는 과정에서 아군에 의해 거창양민 719명이 죽어야 할 이유도 모른 채 억울하게 희생당한 비극적인 사건이다.

그 당시 나도 함평 영광지역에서 겪은 일로, 국군이 완전 수복할 때까지 얼마동안 낮에는 대한민국 경찰이, 밤에는 산에서 내려온 빨치산이 치안하는 체제에서 살았다. 때론 그들에게 부역한 친구도 있었고 한편으론 그들로부터 집단적으로 당한 인명 피해가 제일 컸다. 아마도 거창군 신월면 양민들도 그런 패턴에서 죽지 못해 살기 위해서 대세에 따라 행동했을 것이다. 어쩔 수 없는 운명이었던 것을, 어찌 정죄 할 수 있겠는가.

1951년 2월, 지리산 공비토벌 중, 신월면에서 국군에 의해서 박산골(517명으로 제일 많이 죽은 곳), 창연골 탄량골 양민 719명이 유, 무죄의 가림도 없이 무차별적으로 학살당하고 동네 마을이 불타버렸다. 경남지역 계엄사령관이었던 김○○ 대령은 후한이 두려워 그 지역에 이방인 출입을 금하고 학살현장에서 약 2킬로미터 떨어진 홍동굴 계곡으로 어린이 시체만 골라 옮겨 암매장하여 마치 공비와 전투 중에 그들이 희생된 것으로 은패 시켰다.

그 해 3월, 국회에서 그 일이 문제화 되었고, 같은 해 4월, 합동진

상조사단이 현장조사 하러가던 차, 사건 현장 가는 길목인 수영더미재에서 김○○ 대령에 의해 공비로 위장 매복시킨 국군에 의해서 진상조사단이 사격을 당해 조사를 못하고 돌아가게 되었던 것이다.

그 사건이 대구 고등중앙군법회의에서 재판에 회부되어 관련 군 지휘관들이 유죄판결을 받음으로 거창 양민의 명예가 회복된 것이다. 그 후, 유족회가 구성되어 활동하게 되어 오늘처럼 추모공원까지 정부의 지원으로 조성하게 되었다. 거창사건 관련자 명예회복에 관한 특별조치법 제정문제와 합동위령추모제, 거창사건 학술발표회, 손해배상 청구소송 등을 위해서 유족회는 물론 유관기관의 인사들이 50여 년간 피나는 노력과 눈물을 쏟은 결과 어느 정도 뜻을 이뤘다. 이제는 손해배상문제(위자료)만 남은 것 같다. 그 재판이 2004년에 대법원에 상고되어 이젠 그 선고를 기다리고 있는 중이다.

6·25전쟁 중 경험한 바로, 공산도배들의 동족을 향한 잔학상은 아군보다 훨씬 방대했다. 그렇다고 거창양민사건을 그들의 잔학성과 우열을 가린다는 것은 인자한 아버지의 화풀이를 깡패가 된 자식의 포악성에 견주는 꼴이다. 잘못을 저지른 죄과를 인정하고 거창 양민의 명예를 회복시켜준 이 마당에 희생자의 후손에게 손해배상을 해 주는 것이 아버지와 같은 정부와 대법원의 품격일 성 싶다.

거창사건은 한 지역사건이 아니고 대한민국 국군의 대표적 인재(人災) 사건이었다. 이후부터 그런 일을 역사적 교훈으로 삼고 어떠한 경우라도 그런 일이 되풀이되는 일이 없도록 조신하는 국군이 되기를 빌어 마지않는다.

(2007년 『수필시대』)

68만 원에 씨받이로 팔려가는 우리 딸들

오호통제(嗚呼痛哉)라!

하늘이여, 비 한 방울 뿌려 북방의 메마른 가슴을 적셔주었으면 좋겠습니다. 남방의 친북 동포들에게도 인정의 바람을 넣어주었으면 좋겠습니다.

'두만강 심청'이란 머리기사가 주먹만 한 활자로 게재된 것을 보고 충격을 받았다.

내용인즉, 북한에 있는 우리 딸들 즉 문윤희가 너무 배가 고파서, 아니 그보다는 가족의 입에 풀칠하기 위해서, 빚진 곡물 값을 갚을 길이 없어서 동네 브로커에게 자진해서 25세인 자기 청춘을 팔아달라고 했다는 것이다. '고전적 심청'은 그래도 효의 사상과 낭만을 엿볼 수 있지만 '두만강 심청'은 애잔하기에 앞서 그들을 둘러싼 정권의 무리들과 그들을 옹호하는 남측 무리들을 향해서 난도질을 해도 분이 풀릴 것 같지 않다. 아, 언제까지 이런 질고의 역사가 계속될 것인가. 한 배달민족으로서 언제까지 속수무책으로 있을 것인가. 그들의 부모세대인 우리가, 가깝고 먼 곳에 있는 북녘동포들을 살리기 위해서 어떤 베품을 해야 할 것인가 옷깃을 여미지 않을 수 없다.

J일보 특별취재팀은 2007년 5월부터 10개월 동안 중국, 러시아, 라오스, 태국 등 9개국을 돌아다니며 탈북자들의 삶을 취재한 것이다. 2007년 10월 27일 새벽에도 중국 쪽 두만강 가에서 새벽에 슬피 우짖는 갈대소리를 들으며, 흰 달을 안고 두만강을 건너오는 문윤희를 포착했다. 브로커가 중국인에게 그를 인계한 다음 기회를 만들어 그를 취재한 것이다.

윤희는 90년대 그의 아버지가 돌아가시고 남동생이 하나 있다. 어머니는 너무 못 먹어서 실명이 되었다. 옥수수 콩 쌀 같은 곡식 300kg 빚을 못 갚아서 그는 심청이가 되기로 한 것이다.

성경에는 사람의 목숨이 천하보다 귀하다고 했는데 사람이 상품화되다니! 25세 처녀는 5000위안(한국 돈 68만 원. 북한 한 달 월급의 30배)에 중국 노총각 씨받이로 그가 팔려간 것이다. 그러면서도 그 빚진 곡물 150kg 빚만 갚고 나머지는 고스란히 브로커의 주머니로 들어간다는 것이다.

그는 이전에 한족에게 한 번 팔려가서 사는 중에 중국 공안원에게 붙잡혀 강제 북송되어 청진 탈북자 수용소에서 하루 17시간씩 중노동하다가 또다시 탈북을 한 것이다.

누가 이러한 비극의 역사를 만들었는가. 아버지의 세대라 할 수밖에 없다.

분단사도 63년이 지났다. 그간에 자유민주주의 정치체제와 시장경제, 공산사회주의 체제와 분배정책의 장단점을 우리가 경험했다. 그런데 아직도 북한 사회주의체제 및 주체사상을 고양하려고 기를 쓰는 좌익세력들이 있다. 그들에게 타이르고 원망하기도 이젠 지쳤다. 잃어버린 10년 동안에 국민 모르게 5억불을 조공하고 그것과 합쳐 국민정부 참여정부 10년에 걸쳐 8조 원이 북으로 원조되었으리라 추산된다고 한다. 그 원조가 북한의 일반 동포에게 돌아갔다면 추호도 아까울 게 없으리라.

경제적으론 북한 동포에겐 보탬이 별로였다고 생각한다.

북한체제가 빨리 종식되는 것만이 북한 동포들의 살길이 빨라진다. 그런데 남한에서 지원한 것은 북한체제의 세를 키워주었고, 군비확장, 핵무기개발을 서두르게 했다. 북한 체제가 연명이 되는 것은 남한의 덕이 지대했고 일반인에겐 역작용 됐다고 말할 수밖에 없다. 대한민국에는 북조선의 공로자들이 지금까지도 안주하고 있는 형편이다. 정권이 바뀌니 할 수없이 입 다물고 있지만 좌파정권이 득세하면 또 일어날 사람들이 부지기수다.

김정일 정권을 향해 외쳐본들 그들에게 들려질 수 없으니 지금까지 상호주의 원칙을 버리고 일방주의로 퍼주기를 즐겨하고 북한정권을 옹호했던 남한의 회색 정치인 또는 주체사상 내지 북한식 사회주의 옹호자들에게 감히 외치고 싶다.

"제발 죽어가는 북녘 동포를, 찢겨지고 짓이겨지는 북녘동포를, 비정규직 한 달 월급만도 못한 값에 중국 노총각에게 씨받이로 팔려가는 우리 딸들의 운명 앞에서 책임감을 느껴보십시오. 북한 동포 300만이 굶어죽었다고 한 지도 어언 10년이 넘었습니다. 변방국에서 유리하는 탈북동포가 4만에 이를 것이라고 합니다. 나라가 다르니 책임 없다고 발뺌할 것입니까."라고.

10년 동안 인권위원회는 무엇을 했는가. 선량한 대한 국민에게만 인권을 적용시키고 겨우 최면닭이로 유엔의 북한 인권결의안에 한 번 참여한 반면 그 외는 다 외면하지 않았던가.

아직까지 금강산 관광 한 번 가보지 못한 것이 참 다행이라고 여겨진다. 북한에 딸라가 들어가는 것도 역시 북한 체제가 살찌는 것이지 국민에겐 전혀 도움이 안 되는 것은 상식적인 일이 아닌가. 개성이나 평양 행사에 가는 일도 생각해 볼 일이잖은가.

앞으로 배가 좀 고파도 굶어 죽어가는 동포를 생각하며 검소하게 살고 싶다. 이 기회를 이용해서 인권을 중히 여기고 사람 무시하는 버릇을 없애야겠다.

북녘 동포의 인권회생을 위해서 기도해야겠다.

새터민들을 도울 수 있는 방법도 모색해 볼 일이다.

(2008년 『문학공간)

5·18 성역을 건드린 사람

현대를 살아가고 있는 우리는 누구나 12·12사건과 소위 5·18민주항쟁의 역사를 경험했거나 들어서 개략적으로만 알고 있다. 그런데 그 질곡의 역사를 올바른 민족사관인 양 받아들이는 국민과 그 오보의 역사를 재평가해야 한다는 국민으로 양분되어버린 것이 우리의 비극이다. 그것은 1994년, 문민정부 시절에 12·12와 5·18 피해자 등이 전 대통령인 전두환과 노태우 등의 그 당시 군부 실세들을 고소 고발하므로 역사 뒤집기의 검찰 수사와 재판이 시작되어 대한민국 5천년 역사에 큰 오점을 남긴 것이다.

대법원에서까지 그 사건은 속전속결로 재판을 하여 5·18 당시의 충신이 역적이 되고, 그때의 역적이 충신이 되어 국민정부 시절에 각종 국가훈장을 받은 반면 국가를 위해 투신하고 직책을 감당한 사람은 복역을 하는 악순환의 역사를 만들어낸 것이다

10년간의 좌편향 정부가 계속되는 동안 5·18 사건은 누가 감히 논

할 수 없이 성역화한 거였으나 이제는 애국심과 국민을 위해 희생할 각오만 있으면 잘못된 역사를 사실적 민족사관으로 환원시킬 수 있는 시대를 맞이했다.

이런 일을 논할 사람은 바른 국가 경영 철학이 있어야 하고, 박학다식은 물론 군 복무의 경력이 있고, 국민을 위해서 순교의 각오까지 되어 있는 사람이어야 한다고 생각될 때 나는 단연코 지만원 박사를 그 적격자로 소개할 수밖에 없다.

『수사기록으로 본 12·12와 5·18』의 저자가 바로 지만원 박사다. 저서의 가치가 너무 중대하여 먼저 저자를 소개하는 것이 순서일 것 같다

저자는 강원도 출생이고 육사 22기 대령으로 예편한 분이다. 미 해군대학에서 시스템 공학박사 학위를 취득했고, 월남전 참전 장교, 합참정보국 해외 정보 수집장교, 국방 PPBS 도입연구원, 미 해군대학원 교수, 서울시 시정개혁위원, 국가안보정책연구소 전문위원, 현재 시민단체 국민의 함성 대표다. 『70만 경영체 한국군 어디로 가나』를 비롯하여 수십 권의 저서를 내기도 했다. 대령시절 국방 비리를 들추어내다가 예편을 했고, 대한민국의 정체를 지키는 논객과 저작을 하다가 몇 번의 옥고를 치룬 분으로 야인으로만 있기엔 아까운 인재다.

그 분은 2008년까지 비가 오나 눈이 오나 거리에 나가서 계몽강연, 시사계몽지의 분배, 매월 한 번씩 대한민국 정체지킴을 위해서 강연을 해왔고, 월간 '시국진단'을 발행하여 그것을 직접 우체국까지 트럭을 운전하여 발송하느라고 고진감래의 세월을 보냈다. 물론 자원봉사자들

도 많은 수고를 했다.

1700여 페이지(4권)의 『수사기록으로 본 12·12와 5·18』은 저자가 5년이란 세월 동안 일요일도 없이 키보드를 두드린 대하 다큐멘터리다.

이 책을 구독하자마자 생생한 현대판 실록을 경험하는 기분이었고, 가장 객관적이어서 그것을 읽는 동안 내 자신도 희비의 정서가 교차되는 것을 느꼈다.

1979년 10월 26일, 궁정동 안가에서 박대통령을 시해한 김재규가 애국적 견지에서 그런 천인공노할 일을 저질렀을까? 그 일이 생긴 후 김재규를 싸고 돈 정승화에 대한 행보를 국민이 용서할 수 있었을까? 고 최규화 대통령이 군의 협박에 의해 정승화 채포를 재가했을까? 그런 일을 진두지휘한 보안사령관인 전두환이 신군부 등장을 시켜 본인이 국권을 잡고자 사전 계획한 것이었을까? 상황의 흐름에 불가피하게 되어진 일이었을까? 김영삼 정부시절, 12·12와 5·18사건에 대한 대법원 판결은 올바른 역사관에서 판결한 것이었던가를 본 저서에서 잘 설명되어지고 있다.

5·18 민주화 항쟁은 순수한 광주시민만의 시위였을까? 아니면 대한민국 외부의 세력이 잠입해서 선동하므로 폭력시위로 변질된 것은 아닐까? 전 대통령인 김대중과 광주 민주화 항쟁과의 인과관계는 무엇이었을까? 정말로 전라도 사람을 몰살시키기 위해서 경상도출신 만의 공수부대를 투입했을까? 시민여자의 젖가슴을 도려내는 등 그런 끔찍한 사살을 한 공수부대가 있었단 말인가? 수사기록과 재판에서 사실여부가 확실하게 밝혀지고 있다. 5·18 특별법이 미친 영향은 무

엇인가? 광주 소요 10일의 결산은? 광주사건과 제주 4·3사건, 동의대에서 시위대의 방화로 경찰을 죽게 한 것과 유사점이 무엇인가. 본 저서에서 너무 많은 공통점이 발견되었다.

속없는 사람들은 지만원을 수구 골통이라고 말하지만 옳게 사는 것, 직언 하는 것은 누구에게나 본받을 이유뿐인 것이다.

저자는 건국 60년 동안의 우리 역사의 진가민가의 사실들을 밝히면서 철옹성처럼 밀봉한 그 역사의 뚜껑을 열고 역사적 줄거리들을 체계적으로 객관성 있게 엮어 놓았다.

지금까지는 울어야 할 자들이 웃고 살며, 웃어야 할 자들이 울고 있다. 밝은 세상의 주인공과 영어의 주인공들이 바뀌었다.

정권이 바뀌기를 왜 소원했던가! 억울한 누명을 벗겨주고, 잘못 준 훈장은 거두어 들여야 하지 않겠는가? 인과보응의 법칙에서 벌 받을 자에게 응분의 조치를 해야 서러운 한을 풀지 않겠는가.

일사부재리의 법리 앞에서 역사뒤집기의 재판을 하려니 관심법이 적용되었다고 하는데 육법전서에 그런 법이 있는지 알고 싶다. 현직 판검사 중에 역사뒤집기에 수사를 하고 판결한 판검사 및 증인들은 지금 당장 가슴 위에 손을 얹고 자신에 대한 응분의 태도를 취해야 하지 않겠는가!

(2009년 『수필문학』)

죽어서 영웅이 된 16대 대통령

2009년 5월 29일, 경복궁 마당에서 연결식이 거행 되었다. 온통 침통한 분위기였다. 고 노무현 대통령, 그는 16대 대통령으로선 평소의 이미지와 다른 반짝이는 눈, 단정하고 남자다운 얼굴, 친근한 대통령으로 온 국민에게 다가왔다. 그러나 그가 살아 숨 쉬는 대통령시절, 그렇게 온 국민에게 각인되었더라면 우리는 얼마나 행복했을까!

오늘의 주인공이 생전에 국민들에게 안겨 주었던 그 상황과는 달리 하늘이 맑아 경쾌하고 영결식장이 너무 고즈넉하여, 북악산도 고인의 명복을 빌고 있는 듯싶었다.

이명박 대통령을 비롯하여 외국으로부터 온 조객들, 3부요로 각요, 정치인들과 사회각층의 유명인사들, 2,500명의 조문객이 고 노무현 대통령의 국민장에 참석하여 애도했다.

막나니 아들이 살아생전에 부모의 마음을 아프게 했어도 만약에 그가 죽었다면 그의 죽음을 안타깝게 통곡하는 부모의 심정 같다고나 할까. 평소에 고인을 좋아했던 국민은 막설하고, 그 분을 대통령으로 대접하기에 부담이 있었던 국민이라도 이러한 때는 연민의 정을 느끼지 않을 수 없으리라.

살아생전, 통치자는 물론 개인간의 대인관계에 있어서 단순한 죽음 때문에 비통하는 인지상정이 아니라 망자가 꼭 없어서는 안 될 것 같아서 안타까워하는 통치자나 개인이 되었으면 하는 생각이 든다.

5월 23일, 안양에 있는 한림대 병원에서 진료대기를 하고 있는데 TV 모니터에서 노무현 전 대통령이 경남 김해 봉하마을 뒷산의 부엉이바위에서 추락 자살했다는 자막이 뜨지 않는가! 지금까지 윤보선 대통령과 최규하 대통령 이외 모든 대통령의 퇴임 후 신변이 행복하지 못했거나 행복한 죽음이 아니었다는 사실들이 주마등처럼 뇌리에서 스쳐갔다.

봉하마을에 분향소를 설치한 후 여타 지역에서도 애도의 물결이 이어져 300곳에 분향소가 설치되었고, 봉하마을에서도 100만 명이 넘는 조문객이 6일 동안 인산인해를 이루었다. 노재는 서울광장에서 지냈는데 그 광장은 고인이 그려진 노란색 차양 모자를 쓴 3만 5천여 명의 국민들로 노란 콩을 흩으러 놓은 들판 같았다. 그곳에 세워진 만장(輓章)도 2,000여 개라니 가히 만장의 숲이라고 해도 과언이 아닐 듯싶다.

고인은 자기의 인터넷에 '삶과 죽음이 모두 자연의 한 조각 아니겠는가/ 너무 슬퍼하지 말아라/ 미안하게 생각하지 말아라/ 누구에게도 원망하지 말아라/ 화장해 달라/ 집 가까운 곳에 조그마한 비석 하나

세워 달라." 라고 유언을 남겼다. 대통령 중에 제일 PC를 잘 하는 분이었으리라!

고인은 봉하마을에서 가난한 농민의 막내아들로 태어나 만난을 극복하고 고등학교를 졸업, 8년을 독학하여 사법고시에 합격했다는 사실은 누구에게나 본보기였다. 8개월을 판사로 역임하다가 인권변호사로 활약했다는 점도 보통사람이 가질 수 없는 본보기였다.

1987년도에 정계에 입문하여 13대 국회의원으로 당선된 후 국회 청문회에서 일약스타가 되었다. 청문회 중 전두환 전 대통령에게 명패를 던진 일은 옥의 티였다.

그는 해양수산부장관도 역임했는데 고등학교 졸업자로서 장관을 역임했다는 것 역시 부러운 일이었다. 그의 정치이력을 보면 독특하다. 우리나라 특히 정치인들이 지역구도에 집착하여 30년간의 폐단을 허물지 못하고 있는 터에 그만이 지역주의를 타파하기 위해서 당선 가능한 종로구의 선거구를 마다하고 부산으로 내려가서 국회의원으로 출마한 일은 두고두고 칭찬할만한 일이다.(당선은 못했지만) 전두환, 노태우 전 대통령, 김종필 전 국무총리, 김대중 전 대통령의 3당 정치그룹이 합당을 해서 국민의 가슴을 서늘하게 했는데, 그때 3당 야합이라고 부르짖으며 정치입문을 시켜준 김영삼 전 대통령의 울 밖으로 그가 뛰쳐나간 것도 지조 있는 정치가라 할 수 있을 것이다.

그는 서민 형으로 소탈하고 솔직하여 직설적인 것이 그의 장점이었다. 또 정치개혁을 천명하고 일어섰다. 그런 점이 국민에게 어필되었고 좌파이념의 성향이 강한 386 세대와 노사모의 인터넷 운동으로 그는 16대 대통령으로 당선된 것이다. 그러나 그런 장점들을 성공시키기엔 그의 한계가 있어 거의 무위가 되고 말았다.

어느 누구나 장점만 있는 것이 아니라 단점도 있기 마련이라지만 고인의 단점은 개인에 대한 단점이 아니라 국가와 국민에게 미치는 단점이었다. 때문에 보수층 국민들이 항의데모를 많이 했다. 그는 친북 좌파적 15대 대통령의 5년 동안의 통치이념을 그대로 계승하여 북조선으로부터 뺨을 맞아가면서도 퍼주기만 했고, 국가보안법을 쓰레기통에 버려야 한다며 김정일의 비위만 맞추려고 할 뿐만 아니라 사학법, 언론법 등을 좌 편향적으로 개정했다.

민주주의 정치를 말하면서도 동구권의 사회주의를 모방해서 오히려 경제의 낙후를 가져왔다. 역사바로세우기를 한다며 대한민국의 정서와 동떨어진 일만을 저질러 전교조와 노조가 판을 치게 만들었고 공권력은 숨을 못 쉬게 한 일이 한두 가지가 아니었다. 또 충청도로 행정수도이전을 하도록 착공케 하여 천문학적 국비를 낭비하게 만들었다. 그래서 대통령을 살얼음판에 내보낸 것처럼 항상 국민들 마음이 조마조마했다. 이승만 대통령이 그렇게 어렵사리 전시작전 통제권을 미군에 이양하므로 우리가 군비에 들어가는 예산으로 경제부흥을 일으켰는데 고인은 친북반미의 일념에서 2012년까지 전시작전 통제권을 미군으로부터 환수하도록 계약체결을 해버렸다. 아마도 전시작전권을 환수한 후, 국가안전 문제도 급하지만 여타 군사무기를 채우는 데 천문학적인 군사비용이 요하기 때문에 경제면에서 얼마나 많은 손해를 가져올지 가히 상상할 수 없다.

고인이 자연사가 아닌 자살이란 점에서 국민들의 통곡이 많았으리라 믿는다. 그리고 현 정부가 실용주의 노선 정책을 펴면서 국민들이 성에 안 차고 마음들이 허(虛)해져서 더 눈물바다가 되지 않았나 싶다.

고인은 사리에 어긋나는 6백40만 달러의 정치자금을 측근으로부터 건네받은 일이 검찰수사에서 들어났고, 그의 형을 비롯하여 측근들도 비자금의 불법거래로 줄줄이 구속 상태에 있는 것이 부담이 되어 자살의 길을 택한 것이라 여겨진다.

아무리 고인의 과거가 싫었더라도 우리가 선출한 대통령인 이상 국민장으로 장례를 마친 것은 잘한 일이다.

우리의 현실로 봐서 대통령은 절대로 친북반미를 해서 국민을 불안케 하고 국가가 좌 편향되도록 해서는 안 될 것이다. 확실한 자유민주주의와 시장경제에 손상이 가도록 하는 대통령이 다시 선택되지 않도록 유념해야 할 것이다. 현명한 국민이 되어야 한다는 것을 새삼 깨닫게 된다.

(2008년)

천안함 폭침 낙수(落穗)

서해 바다의 백령도 부두에 눈물이 파도쳤다. 대한민국 5000만 동포의 통한의 눈물이 서해바다로 흘러가는 느낌이다.

북한의 김정일 정권과 남한의 좌익들은 입술에 민족이란 단어를 달고 산다. 겨우 6노트 속도로 서해바다를 감시하는 초계함을 북한 잠수함이 어뢰를 쏘아 두 동강 냈다. 46명이란 생명을 수장시키고도 민족공조를 한다고 말할 것인가. 북한군이 그 짓을 한 것을 입증하기 위해 민군합동 조사단이 어뢰의 수색작업을 착수했지만 그보다 먼저 쌍끌이 어선이 수거한 어뢰의 동체가 결정적 단서가 된 것이다.

백령도 서남방 1370미터 지점 해역에 두 동강난 초계함의 함미가 46명의 우리 아들들을 안고 침수당해 버렸다. 다행이 함수에 있던 58명만 대명천지 조국의 품안에 안길 수 있었다.

2010년 3월 30일, 해군 특수전여단 수중폭발팀(UDT)의 소속인 한주호 준위가 함수부분 함장 실에 진입을 위한 탐색줄 설치작업을 하던 중 그도 실신해 순직하고 말았다.

그 후, 경남 거제도에 정박한 대형인양크레인 '삼아 200호'가 현지에 도착하여 침몰된 천안함의 함미부분에 인양작업설치를 한 다음 수미의 배를 물위로 건져 올렸다. 그곳에서 한 명 한 명 46명의 시신이 모습을 드러냈다. 병원 구급차마다 시신위에 태극기를 덮고 해군 2함대사령부(평택) 안치실로 향했다.

평택과 백령도에 설치한 유가족실에 있는 가족들은 여러 날을 울다가 지쳤다. 시신인양이 너무 오래 걸려 시신인계 받기에만 우선 몰두하느라 이젠 울 힘마저 없었다.

빈소가 평택은 물론 서울, 부산, 대구, 광주 등에 마련되고, 순직한 장병의 영정 하나 하나가 해맑은 얼굴이었다. 군경은 물론 뜻있는 국민이라면 누구나 영정 앞에 숙연해졌다. 조문객 도열이 끊이지를 않았다.

아까운 청춘들! 영정 앞에 놓인 헌화들이 장병들의 순결성을 보여주고 있다. 인터넷에 게재된 개개인의 꿈을 읽어보면, 제대 후에 요리사가 되겠다, 수학교수가 되겠다, 장군이 되여 군에서 리더십을 발휘하겠다, 등 그 꿈도 가지가지였다 결혼을 이틀 앞두고 순직한 장병은 얼마나 애석한지 또 한 번 남북분단이 원망스러웠다.

국회특위에서 군 당국에 책망적인 조사발언을 했다. 인터넷에 의하면 충격적이고 민감한 사안이 발발 했음에도 제대로 보고가 되지를 않았다. 군의 정석은 정확, 신속인데 사고 난 후 청와대에 먼저 보고했다고 한다. 합참은 무어고 국방부는 무어란 말인가.

분향소의 영정들 위에는 '대한국민은 영원히 당신을 잊지 않겠습니다.' 현수막이 설치되었다. 아마도 부모들은 바다보다 시커먼 이 아픔들을 가슴에 묻고 통곡했을 것이다.

그런 와중에도 찬반의 이슈를 가지고 나타난 어머니가 있다. 한 순직병사의 어머니는 28년 전에 그의 아들을 집에 버려둔 채 가출한 후 전혀 소식이 없다가 이제 와서 보상금 받을 권리를 주장하여 나타났다. 그에 대한 찬반의 주장이 인터넷을 도배해 놓았다.

아마도 보상금은 개인당 8억 원에, 매월 연금으로 80만 원을 지급하기로 결정이 된 모양이다. 그보다 더 많은 몇 배의 보상금을 준다 해도 아들의 생명과는 바꿀 수 없을 진데 그 금액이 무슨 위로가 되랴!

그러나 순직병사 중 민평기 상사의 어머니가 감동스런 이야기를 남겼다. 그는 윤청자 씨다. 사전에 대통령에게 편지를 올렸고, 청와대에서 열린 순직자 가족 초청 만찬회에 참석했다. 그 자리에서 현금 1억 원을 대통령께 드리면서 이걸로 우리 국군의 무기구입에 보태서 침범하는 자들을 응징해달라고 부탁했다.

그 후에 또 어느 중소기업에서도 위로금으로 약 천만 원을 윤청자 씨에게 건넸다. 그것도 역시 우리 안보를 지키는데 써달라고 군에 위탁해버렸다.

유족회에선 추도식 성금으로 순직자기념을 위한 재단설립을 하기로 결정했다. 과연 순직한 46명은 벌써부터 밀알이 되어 애국의 새 생명을 잉태하기 시작한 것이다.

윤청자 씨는 대통령께 편지를 썼다.

대통령님께

천암함 민평기 상사의 어미입니다.

국민들의 애도에 몸 둘 바를 모르겠습니다. 하지만 이것저것 생각하면 할수록 분통이 터지고 억장이 무너집니다. 이런 일이 또다시 없으리라 보장이 없습니다.

이 돈 일억 원은 작지만 무기구매에 사용하여, 우리 영해, 영토 한 발짝이라도 침범하는 자들을 응징하는데 사용하여 주십시오.

정치하시는 분들, 제발 안보만큼은 하나 되고, 한목소리 되어 주시기를 부탁드립니다.

반대를 위한 반대하지 말고, 자기 당만을 위한 안보 말하지 말고, 국가와 국민을 위한 안보 부탁드립니다.

간절히 청합니다. 2010. 7.

죄 많은 어미 올림

6·2 지방선거 불안

중앙선거 위원회에서 치루는 선거는 국가 미래적 의미에서 축제여야 할 터인데 왜 이렇게 불안할까?

중앙정부 집권의 체제에서 지방정부가 태동한지도 어언 17년, 그러니까 풀뿌리 민주주의풍토에서 다섯 번째 치러진 지방선거였다. 지금까지 경험한 바, 지방자치단체장이 의욕적으로 의외의 많은 사업을 이룩한 점은 중앙과 지방간 차별화의 간극이 좁아지는 것 같아서 만족했다. 지방자치가 아마도 문명이 앞선 선진국을 본받아가면서 어깨를 겨누는 국위의 선양이라고 생각할 때 매우 긍정적인 것이다.

그러나 선진국을 따라가는 풀뿌리 민주주의를 성공함에 있어 국민의 수준이 더 향상된 다음에 했으면 싶은 생각이 간절하다. 국민의 정치적 수준은 물론 의식수준도 모자란 것 같고, 세력이 비슷한 좌우익 이념으로 얼룩진 대한민국은 이승만 대통령과 박정희 대통령 시절이 최선은 못되었지만 지금보다는 차선책인 듯싶어 그 시절이 그리워진다.

한 가지 예로 서울 시민은 경기도 내에서 흐르는 팔당저수지 물을 생활용수로 쓰고 마시기도 한다. 그런데 경기 도지사 마음대로 건축물이나 축사 오폐물을 흘러내리는 공장 건축을 승인한다. 그렇다면 오염문제 통제도 철저히 했어야 할 것이다. 단속을 못한 나머지 팔당수에 수많은 쓰레기 오폐물 등이 유입되어 사실상 서울 사람들은 물을 거의 사먹거나 지하수를 마시고 살아간다.

지방 곳곳에는 별것도 아닌 문화관광단지를 조성하고 한 사람의 문인(고인, 작가)을 기리기 위해서 기념관을 건립하는데도 서로 자기 고장 사람이었다고 2중, 3중으로 기념관을 건립하는 수가 허다하다.

지방에서 청사를 짓는데 중앙부처보다 크고 화려하게 지어 부채 투성이가 되어 나라가 부도날 지경이어서 국민(납세자)들의 걱정이 이만저만이 아니다. 지방자치경제 능력도 안 되는데 단체장의 인기를 올리기 위한 수단일까.

제일 문제가 되는 것은 이후로 중앙정부의 보수정책으로 지방정부의 진보정책을 제어할 수 있는 법이 없어서 더 큰 문제다.

지금까지는 중앙정부와 지방정부간에 큰 마찰이 없어서 그러저러 비빔밥식으로 지나왔다.

금년도 지방선거는 태풍을 야기할만한 먹구름으로 온 하늘이 뒤덮인 듯하다.

금년 6·2지방선거인 수 38,851,195명에서 투표자 수는 21,162,998명으로 54,5퍼센트가 투표를 한 것이다.

선거인원은 2,307개구에서 3,891명을 선출했다.

서울시장, 인천시장, 경기도지사만 보수층에서 승리하면 큰 걱정은 없다고(한나라당 승리) 생각했다. 그런데 인천시장을 진보측에 내주었다. 그래서 광역단체장 중 한나라 5명 민주당 3명 자유선진당 1명으로, 도지사 선거에서 한나라 6명 민주당 7명 무소속 2명이 당선되었는데 서울과 경기도에서 마저 보수층(한나라)이 근소한 표차로 승리한 것을 보면 이번 선거는 한나라의 패배요, 민주당의 승리라 할 수 있다. 특히 서울시장이 당선은 되었지만 서울의 전자치구에서 구청장 자리를 야당에 다 내주고, 강남구, 서초구, 송파구만이 턱걸이 식으로 이긴 것이다.

기초단체장의 서울만 보자 한나라 4명 민주당 21명으로 야당 일색이나 다름없다. 따라서 광역단체 의원이나 기초단체의원들도 비교가 안 되리만치 진보 측(야권)이 압도적이어서 벌써부터 서울과 경기도에서 상임의장 분배문제로 티격태격 싸움을 하고 있다.

지금까지 교육감은 보수 측이었지만 설상가상으로 금번에 한나라지역에서마저 진보 측의 교육감이 당선되었고 전남북 교육감은 본래 야당지역이어서 그 지역의 교육감은 물론 진보 측으로 간주해야 한다.

이후 전교조 교사가 자라가는 학생들에게 이념교육을 시키며 사사건건 교육부와 마찰이 생길 것을 생각하면 나라의 장래가 암담하다. 아울러 각 교육위원회도 전교조 교사가 대거 발탁되어 보수 측 교육 위상을 지켜나가기가 힘들 것 같다. 전교조 교사들은 전국 일제고사도 반대하며 그날 학생들을 학교 밖으로 데리고 나가 애국가 대신 임의 노래를 부르게 하고 태극기 대신 한반도 기를 게양하는 형국이다.

대통령이 대한민국의 정체성을 고수하는 보수자이면 걱정이 안 될 터인데 그는 중도적 실용주의를 제창하는 게 아닌가. 그런 마당에 그가 전교조 교육감 편을 드는 경우도 있지 않을까 겁이 난다.

보수 측이 왜 이렇게 놀랄 정도로 패배를 당했을까? 첫째는 한나라당에서 단체장을 공천할 때 꼭 당선 될 가능자를 공천해야 했는데 그렇지를 못하여 한나라 공천에서 낙천된 자가 출마하여 단일 후보로 야당이나 무소속에게 자리를 내어준 것이다.

이명박 대통령이 서울 시장이었을 때는 세종행정도시 만드는데 반대하다가 대통령 후보로 나와 유세할 때는 세종시를 꼭 만들어 주겠다고 약속했다. 그러나 대통령으로 당선된 후에는 또다시 세종시를 만드는 일을 반대하니 정부 망신에다. 한나라당까지 거짓말 정치꾼들로 국민에게 비친 것이다. 거기다 소통이 덜 된 상태에서 몰아붙이기 식 4대강 사업을 진행하는 것도 감표의 요인이 되었다

17대 대선 당시 이명박 후보를 대통령으로 당선시킨 것은 박근혜의원의 운동이 절대적이었다 할 것이다. 그런데 선거에서 이긴 후 현 대통령과 박근혜의원이 화합하여 국정수행을 하지 못하고 두 사람 사이에 보이지 않은 벽을 쌓아갔다. 인사문제도 안배했었다면 얼마나 좋았을까. 오순도순 식으로 정치하는 데 대통령이 너무 인색하지 않았나 싶다. 그렇게 '이측', '박측', 상존해온 불협화음이 민심을 이반시킨 것이다.

이번 정당 투표에서도 한나라 30% 무소속 23% 민주당 39%로 지방자치단체는 거의 여소 야대가 된 것이다.

한나라당의 텃밭인 경남에서 등 돌린 민심은 어떻게 해석해야 할 것인가.

이제는 아무 당도 믿을 수 없으니 대한민국호의 앞날이 어둡기만 하다. 보수층인 60대 이상은 세월과 함께 이승을 떠나가니 국정을 하는데 온고지신할 길이 막혀가는 것이다. 금번 선거에서 20대, 30대가 대거 투표한 결과로 나라가 이 모양이 되었다. 그들에게 앞으로 누가 한국의 현대사를, 국가의 정체성을 가르칠 것인가. 안보의 필요성을 누가 역설할 것인가. 암담하기만 하다. (2010년 7월)

기독교와 좌파정권은 한 배를 탈 수 없다

평신도의 책소개 : '좌파 무신론자를 정치무대에 내 보내는 것은 신앙적 자살', '고향이냐 신앙이냐를 선택해야'

(趙甲濟 선생이 인터넷에 띄운 글)

어제 좋은 책을 한 권 선물로 받았다. 『한국교회에 긴급 제언합니다』라는 책이었다. 크리스천 서적에서 출판한 140페이지(6000원)의 작은 책이었지만 큰 뜻이 들어 있었다.

이 책의 저자 오우현 씨는 전남 함평 출신으로 자신을 평신도라고 표현했지만 총신대학을 졸업한 뒤 여러 권의 수필집을 내고 소설도 쓴 장로 출신이다.

이 책이 감동적인 것은 솔직하고 겸손한 표현과 진실 되게 느껴지는 나라 걱정과 나라사랑 때문이다. 이 책은 기독교의 사랑과 애국심이 충돌하지 않고 하나가 될 수 있음을 보여준다.

머리글은 '하나님께서 나를 대한민국 국민으로 출생하게 하심에 대하여 진심으로 감사드립니다. 또한 한국 교회를 통하여 천국백성으로 거듭나게 하심을 더욱 감사드립니다.'로 시작된다.

오 씨는 나라가 잘 되어야 교회도 잘 되고 나라가 赤化되면 무신론이 지배하게 되는데도, 그리하여 국민들은 노심초사하는 데도 몇몇 교회를 제외한 일반 교회에서는 만사형통이라고 걱정했다. 그는 좌파정치세력이 팽창하기까지 이를 묵인해온 한국교회의 책임을 질타하기도 했다. 저자는 현 정권을 '무신론 정권과 타협하는 정권'이라고 규정했다.

오 씨는 국민과 성도(聖徒)는 고향을 버려야 한다고 강조했다.

"사회가 지역감정을 버리지 못한다 할지라도 1.200만 한국 교회의 교인만이라도 지역감정을 떠나서 처신(투표)한다면 어떠한 잘못된 대한민국의 궤도도 수정될 수 있지 않겠습니까. 애향심이 강한 크리스천 여러분, 우리의 고향은 천국입니다. 여러분 고향입니까? 신앙입니까? 한국 교회의 미래를 생각하지 않고 내 고향 사람, 또 내 고향사람이 지지하는 대통령 후보자나 국회의원 후보자만을 뽑는다면 그는 사이비 성도일 것입니다. 주께서 누구든지 아비나 집이나 그 이상의 모든 것을 포기하고 나를 따르라고 말씀하신 것을 기억해야 할 것입니다. 예수께서는 아무든지 '나를 따르려거든 자기를 부인하고 자기 십자가를 지고 나를 좇을 것이니라. 라고 말씀하셨습니다. 크리스천은 고향보다, 국가보다도 우선적으로 하나님의 의(義)를 나타내고 신앙을 지키는 천국사회의 건설을 위해 힘써야 합니다. 그러므로 공산주의자나 그 이념에 가까운 후보를 우리 정치무대에 내보내는 것은 신앙적 자살로 알아야 합니다."

오 씨는 "크리스천 전교조에게 호소합니다." 라는 장(章)에서는 '전교조의 윤리강령 역시 유신론 체제인 우익진영에 가깝다기보다는 무신론 체제인 공산당 진영에 가깝다고 말할 수밖에 없습니다. 그렇다면 크리스천 전교조원 여러분은 서야 할 자리가 분명하지 않습니까?"라고 썼다.

저자는 또 "크리스천 정치인에게 호소합니다." 란 章에서 이렇게 주장했다.

"정치노선에 앞서 신앙이 우선입니다. 정치를 위해서 신앙을 포기하면 할 수 없지만 일단 신앙을 우선시한다면 유신사상에 가까운 정치그룹에 소속되어야 할 것이고 그런 사회가 구현되도록 정치적 보스에게 촉구해야 할 것입니다."

오 씨는 또 크리스천 기업인에게 호소하는 글에서 '투명한 출납정리를 해야 할 것이고, 그러한 정직의 도미노 현상이 국민들에게 고통을 주는 좌파들에게까지 파급되었으면 한다'고 했다. 그는 또 크리스천 기업인들이 애국운동을 도와 한국교회를 지키고 공산주의를 분쇄하는 일에 투자해야 한다고 강조했다.

그는 맺는말에서 "기독교인의 입장에서 보면 공산주의와 기독교는 정치적 이데올로기의 상반문제보다 무신론과 유신론의 상반(相反)관계, 즉 적대관계가 되어 피아가 공존할 수 없다. 따라서 공산주의 정권인 김정일 정권과 가까운 좌파정권과는 도저히 한 배를 탈 수 없는 것이다"라고 단정했다. (2006년)

3부

쌍지팡이

· 자전적 소설이 아니라면 소설은 단연코 상상물의
구성체여야 할 것이다.
개연성이 없는 상상은 소설일 수가 없다.
반드시 개연성이 있는 소설을 쓰려면
세상사에 직접적인 경험이 풍부해야 함은 물론
간접경험을 위해서 얼마나 독서를 많이 해야 하겠는가.

문화유산 보존

용강리 동구 밖을 지난 문우회원 일행이 신랑을 맞을 새색시와 같은 기분으로 운주사 경내에 들어섰다. 초입에서만 보면 영락없이 빈 집터와 같다고나 할까 허허한 지면에 세워진 9층 석탑이 무심하게 우리를 맞아준다. 세 개의 석탑과 '광배를 갖춘 불상'을 지나 천왕문을 들어가기 직전에 보물 제797호인 석조불감이 우리의 시선을 끌었다. 그 '석조불감'이란 팔작지붕의 형태로 지어진 돌집 안에 두 석불이 등을 대고 앉아있는 것을 말한다.

그날, 나는 4층 석탑부터 9층 석탑까지 11개의 석탑을 눈여겨봤는데 그 중에는 원형다층석탑도 있었다. 그리고 후손들의 냉대에 눈물을 흘리는 듯한 수많은 옥외불상들도 볼 수 있었다. 지천의 불상마다 왜 그리도 코가 망가졌는지 궁금하기 짝이 없었다. 불상과 석탑의 숫자가 그것뿐이 아니었던 것 같다. 내가 다 보지 못해서 그렇지 경내에는 80여 구의 석불과 17기의 석탑이 남아 있다고 한다. 심각한 것은 예전에 22기의 석탑, 213기의 석불이 운주사 내에 있었는데 문화재 도범들에 의해서 그것들이 유실되어 그 정도밖에 안 남았다고 한다.

입구에서 얼마나 걸었을까. 그 절의 심장부에 다가섰다. 고즈넉한 대웅전 외 여섯 채의 건물이 있었다. 대웅전 앞에서 발을 멈추었다. 축소한 나한전(羅漢殿)이라고나 할까. 비록 천배, 삼천 배는 못할지라도 그냥 지나칠 수 없음인지 여러 문우들이 부처님 앞에서 절을 하는 모습들이 경건해 보였다.

고색창연한 건물을 보고 싶었고, 비록 아스발트 길은 아닐지라도 다듬어진 길인 줄 알았으며 질서 있게 보존된 석불과 석탑을 보고 싶었는데 그렇지 못해 아쉬움이 많았다.

매년 맞이하는 일로 금년에도 한국수필문학가협회 주최로 전남 화순 금호리조트에서 하계세미나가 열렸다. 세미나를 마친 회원 일동이 귀경길에 문화유적 답사차 버스 핸들을 운주사로 향하게 했다.

운주사는 전남 화순군 도암면 대초리와 용강리에 소재하고 있었다. 그곳에 우리 문화유산이 남겨지기까지는 유구한 역사가 흘렀다. 본래 불교는 기원 전 5세기 초에 베푼 종교로 알고 있고, 그 불교는 고구려 17대왕인 소수림왕 때 우리 나라에 전래되었다는 것도 교과서를 통해서 누구나 알고 있는 바다. 운주사는 신라 말기 도선국사가 나라의 기운을 바로잡기 위해서 그곳에 세웠다고 전해오고 있다.

문화유적은 좋든 궂든 우리 조상이 살아온 모습과 숨결이며 얼이다. 나는 그곳에 도착한 일행에 휩싸여 무질서하게 흩어지다시피 한 석탑과 불상들을 눈여겨봤다. 겨레의 넋을 찾아보려 했고, 이끼낀 세월을 거슬려 조상님들의 살아왔던 모습을 더듬어봤다.

그 중 가장 인상에 남는 것은 운주사 서쪽 능선에 있는 와불상(臥佛像)이였다. 먼데서 보면 넓고 넓은 마당바위였다. 그런데 가까이 가보니 두 부처님이 평면에 붙어서 누워있는 모습이었다. 누워있지만 하나는 좌상(坐像)으로 하나는 입상(立像)으로 조각되어 있었다. 그 불상은 세계에서 유일의 와불상이라고 한다. 좌상불은 12.7미터이고, 입상불은 10.26미터라고 했다. 그 와불은 천계에서 내려온 석공이 하룻밤에 다 조각하여 일으켜 세우려 했는데 새벽닭이 울어서 그만 철수해버리는 바람에 와불인 채 그대로 놓여있다고 한다. 그리고 그 와불을 일으켜 세웠다면 새로운 세상이 올 뻔했다는 전설까지 곁들여있다.

운주사 내의 모든 불상들의 얼굴이 가지각색이고 세월의 누더기로 뒤덮여 여느 절에서 보는 불상처럼 정교하지 못하고 밝지 않아 보였지만 소박하고 친근감 있는 조상들의 모습만은 느낄 수 있었다. 그 날의 관람자들은 그렇게 아쉬운 느낌이었지만 만화방초 만발한 봄에 그 곳을 찾는 분들은 그래도 벚꽃, 복숭아꽃, 개나리꽃, 함박꽃, 수선화 목련화 등이 조화를 이뤄, 먼지 낀 불상, 훼손된 석탑일망정 조상님들의 문화유산에 대한 긍지가 어느 정도 느껴질 것 같다.

탐사를 마친 우리는 호구지책을 해결하기 위해서 용강리 식당에 도착했다. 아마도 점심을 인터넷으로 예약한 모양이다. 식당주인이 기업정신만 강했지 식당 면적은 생각지도 않고 200여 명(경기 강원 광주회원만)의 식사인원을 단 시간에 수용할 수 있다고 덥석 예약해버린 것 같다. 모르기는 해도 5교대쯤으로 점심을 다 끝낸 것 같다.

잔소리 같지만 이렇게 사족을 다는 것은 경향 각지에서 모여드는 탐사자들을 위해서 관계당국이 그 운주사를 개발을 했다면 대형 식당도 생겼을 것이고, 거기에 따라 운주사 문화재 보전 관리도 잘해서 훼손이나 유실도 막을 수 있었지 않겠느냐는 의견을 말하고 싶어서이다.

돌아오는 길에 광주에 들를 일이 생겼다. 마치 후덕한 광주 문우인 S 선생이 자기 승용차로 나를 태워주었다. 그분 역시 운주사 주위가 재개발이 안 되고, 운주사 경내의 문화재 보존관리가 제대로 안 된 점에 대해서 안타까워했다.

"불상마다 코가 깨졌지요? 그것은 불상의 코를 깨면 아들을 낳는다고 해서 옛날 분들이 그렇게 불상의 콧날을 쪼아놓았답니다"

S 선생의 탄식어린 말이었다.

그 말을 듣고 나니 딸 일곱을 낳으신 백모님에게 '몇 번이나 불상의 코를 깼느냐'고 물어보고 싶었으나 그 백모님은 타계하시고 뵈올 수 없는 것을 어이하랴!

현대문화는 과거 역사에서 잉태된 것이다. 더 좋은 문화생활을 향유하기 위해선 역시 계승해온 문화유산을 근거해서 연구하고 개선해야 한다. 온고지신이란 말도 있지 않는가. 이제는 우리 국민의 수준이 불상의 코를 깨는 미신적 수준은 아닌 것 같다. 모쪼록 지방자치단체의 재정이 안 되면 중앙정부에서라도 지원해, 운주사 일대를 재개발하고 운주사 경내를 관광지다운 불교문화단지로 재현시켜줬으면 하는 바람이 간절하다. 더 이상 문화재 유실도 방지하고 말이다. (2004년)

수원화성에서의 하루

지근거리에서 아직까지 '수원화성'을 가보지 못한 사람은 수도권 촌뜨기임에 틀림없을 것이다. 성곽의 주위는 자주 지나다녔으면서도 그 성곽의 내부에서 보행해보기는 처음이다.

성의 둘래가 5.744킬로미터, 면적 130헥타르라니 눈을 아무리 크게 뜨고 보아도 수원 화성이 시계(視界)에 다 들어오지 않는다.

우리는 화성행궁 옆 동(洞)에 있는 수원박물관에서 정조대왕의 명신(名臣)들의 원영(遠影)과 그 당시의 문신들이 쓴 명필 등을 많이 보았으나 지면상 박물관 이야기는 생략하기로 한다.

2010년도 11월 17, 18일 수필문학추천작가회 세미나 및 동인지 출판기념회가 수원화성 사랑채에서 열렸다. 18일에는 수원화성(사적 제3호)을 견학하는데 참여한 문우들에게서 제일 많이 들려오는 말은 정조대왕, 화성행궁, 사도세자라는 세 단어였다. 아마도 일반인보다는 우리 일행이 수필문학인 들이어서일까 역사와 문화를 소개하는 가이드의 해설이 진지했다. 그런 프로그램을 기획한 임원단의 노고에 감사한다. 또한 앞으로 우리의 역사서를 탐독하고 선조들의 발자취를 탐구하고 싶은 생각이 더 간절해진다.

우리는 장하게도 200여 년 전에 축성되어 UNESCO 세계문화유산으로 등록하게 된 수원화성과 정조대왕의 업적을 탐미해보는 문학기행을 하고 있는 중이다. 이곳, 화성행궁(사적 제478호)을 중심으로 한 수원화성은 수원시 팔달구 행궁길 185(남찬동 68-5)번지에 자리 잡고 있다.

화성행궁의 건물을 보니 조상들의 건축예술은 현대적 감각으로 평가할 수 없는 아름다움이었다. 그 중 유여택(維與宅)은 정조대황이 행차시 머물며 신하들을 접견하는 곳이었고, 노래당(老來堂))은 정조대왕이 왕위에서 물러나 수원에서의 노후생활을 꿈꾸면서 지었으며 봉수당(奉壽堂)에서는 정조대왕의 어머니인 혜경궁 홍씨의 회갑연을 열었다고 한다.

수원화성은 조선조 22대 정조대왕의 효심(孝心)과 위민정신(爲民情神)을 이어받은 전통과 역사의 산물이랄 수 있다. 축성의 동기는 군사적 목적보다는 정치 경제적 측면과 정조대왕의 부모에 대한 효심이랄 수 있다. 성곽 자체가 효(孝) 사상이라는 동양철학이 담겨 있다는데 보는 사람마다 공감을 한다. 그 성은 1794년(정조 18년) 1월에 착공 2년 9개월 만에 완공했다. 정조대왕은 그 성을 축성하면서 그의 아버지 사도세자의 원침을 양주 매봉산에서 수원 화산으로 옮기고 부근에 용주사를 지어 부왕의 명복을 빌었다고 한다.

화성축성은 역대의 걸작으로 성의 시설물이 41개소이며 미 복원 시설은 일곱 개다. 그리고 네 개의 성문이 있다. 그 수원화성을 축조할 때 부속시설로 화성행궁, 중포사, 내포사 사직단 등 많은 시설을 건립했으나 일제강점과 한국전쟁 중 전란으로 성곽과 건물이 거의 손실되었다. 그러나 1975년~1979년까지, 200여 년 전, 축성 직후 발간된 『화성성역의 궤』에 의하여 대부분 축성 당시 모습대로 보수 복원되었다. 다만 그 일부인 낙남헌만 본래의 건물이고 그 외는 복원한 것이다.

이 성은 기록으로서의 역사적 가치가 있다. 이 성곽을 축성 후 1801년에 발간된 『화성성역의 궤』에는 축성계획, 제도, 법식, 동원된 인력의 인적사항, 재료의 출처 및 용도, 예산 및 임금계산, 시공기계, 재료가공법, 공사일지 등이 상세히 기록된 건축사가 전래되면서 전란으로 없어진 시설을 그때와 똑같이 복원 할 수 있게 됐다.

수원화성행궁 낙남헌 홍보관에서는 정조실록학교 개강을 하고 있는데 2008년부터 제3기까지 그 강의를 마쳤다. 정조학교 강의 내용은 1.우리 역사로 본 정조대왕의 평가와 위치, '시대를 가르는 새 역사를 창조하라' 이며 2. 전쟁으로 본 우리 역사이야기와 정조가 꿈꾸는 이상사회 수원화성 등이었다.

조선조 22대왕인 정조대왕(1776~1800년)은 과거제 제도를 개선하기 위하여 대과(大科)는 규장각을 통해 국왕이 직접 관장하여 과폐를 없앴고, 전제(田制)개혁 등의 업적을 남겼다.

그 당시의 사회상이나 나라정치가 지금과 같이 노론과 소론의 파당으로 사회 혼란이 있었지 않나 싶다. 화성행궁을 견학하는 중 사도세자가 압사 질식당한 쌀뒤주를 보면서 통증의 역사 매듭을 보는 것 같았다. 정조왕의 아버지는 사도세자로서 영조의 둘째아들이다. 사도세자는 자신의 정치적 주관으로 소론을 말살하려는 노론에 저항을 하다가 영조의 노여움을 사 뒤주 속에 갇혀 죽임을 당하게 되었는데 정조는 자기 아버지가 그렇게 죽임을 당하는 것을 목격하고 평생의 한을 품고 살게 되었다.

수원화성의 축성은 정조대왕의 아버지에 대한 아픔과 효심의 일환이 간직된 곳이라고도 할 수 있다.

인간은 역사를 일구어내기도 하면서 역사의 흐름 속에서 살다가 어차피 죽는다. 따라서 인간의 가치는 죽은 후에 어떤 흔적을 남기느냐에 따라서 매겨진다. 정조대왕은 위민정책을 시행하고 수원화성을 축성하므로 그의 발자취를 남겨 후대에 감동을 주고 있다.

호랑이는 죽으면 가죽을 남기고 사람은 죽으면 이름을 남긴다고 하지 않는가. 평범하게 살다가 흔적 없이 죽는다고 가정해보자. 지금부터 마음이 허전해진다. 글을 쓰는 사람으로서 혼탁한 사회를 맑게 하는 명언 한 구절이라도 남기고 가야 할 것이 아닌가.

(2010년. 12월)

운향(雲香)의 애장석(愛藏石) 이야기

천공(天空)은 하늘로 통하는 문이다/ 천공은 영생으로 통하는 문이다./ 물처럼 맑고 바람처럼 가벼이/ 살아야 들어갈 수 있는 곳이다

이 글은 우리나라에서 유일한 여류 애석가(愛石家)인 운향(雲香/권영자)이 필리핀에서 수집한 구멍 뚫린 수석(壽石)을 감상하면서 그 돌을 천공이라 작명(作名)하고, 그 본연의 생김새를 형상화(形象化)한 운문이다

어느 날, 운향 애장석(愛藏石)을 감상하기 위하여 그의 수석전(壽石展)실을 찾았다. 하나하나의 돌에 초점을 맞추어 감상하고 나오는 길에 『구름과 향기』란 두둑한 석보(石譜)까지 선물 받았다. 그렇게 귀가한 그날은 꿈결에 임을 만난 것처럼 만족했다.

회상컨데 작품마다 붙여진 석명과 생김새를 제대로 표현한 시어(詩語)들을 탐독하느라 몰아지경(沒我地境)이 되어갔다. 석보에 나타난 작품 중 몇 개만 골라서 추가적인 소감을 피력하고 싶다.

'내금강'은 산형(山形)인듯, '세월'은 억겁(億劫)의 세월을 인화(印畵)한 듯, '탑'은 태곳적부터의 경랑(激浪)의 흔적인 듯, 각종 해학적 인형, 신비의 문양과 옥구슬 같은 수석, '음(陰部)과 양(男根)' 등은 사유(思惟)에서 뿐 아니라 감각으로도 탄복되는 자연미의 근사치(近似値)였다.

수석마다 자연적 특징을 포착해서 작명하고 시어적 해설로 옷을 입혀놓은 애석가인 그가 또한 수필문학 동호인이어서일까. 나도 얼추 애석가인 양 그 세계에 동화되어버린 기분이다. 그리고 그가 자랑스럽기만 하다.

그 수석을 보는 순간, 자연은 인간의 스승이라는 말과 연관되어 한 테마가 떠올랐다. 그것은 우리가 사회생활을 함에 있어서 이웃이 가지고 있는 성품(또는 인격)을 내 잣대로 판단하지 말고 상대의 생김새(장점)를 1백퍼센트 인정해 줘야 한다는 생각이 솟구친다.

2005년 8월 26일부터 5일간, 인사동 소재 백악미술관(百岳美術館)에서 '구름과 향기'란 주제로 운향의 개인 수석전이 열렸다. 그런데 난 사정이 있어서 끝나는 날에야 전시장엘 찾아갔다. 오픈 하는 식장엘 참석치 못한 것이 얼마나 아쉬운지….

그날, 첫 방문자여서인지 전시관이 너무 고즈넉해서 인기척을 했다. 그러자 수석들이 먼저 기지개를 켜기 시작했다. 그의 아드님이 애석마다 물을 뿌려주자 금세 석향(石香)이 풍겨왔다. 1, 2층 공간에 전시된 작품마다 낯익은 고전미의 여인이 겹쳐 보이면서 그의 끈기, 진지한 성품, 고요한 미소, 고매한 취미, 잔잔한 문향(文香)이 작품마다 넘실거렸다.

운향은 2년여 수필문예대학원에서 나와 같이 수필문학을 천착(穿鑿) 했던 문우다. 후덕한 맏며느리의 인상에 사람을 끄는 매력 포인트를 지니고 있어 시샘이 일 정도였다.

그는 한수연우회(韓壽硏友會) 부회장을 역임했을 뿐 아니라 음악, 무용, 서화에도 남다른 실력을 가지고 있다. 그가 부르던 '세레나데' 한 번 더 듣고 싶다.

수석의 포인트를 포착하는 일, 그것을 문학적으로 표현하는 작업은 가히 예술적인 앙상블이다.

어느 수석가 모임에서 자랑할 만한(머리만한 크기) 한 수석을 놓고 울산에서 온 수석 중개인에게 평가를 부탁했더니 1천만 원을 부르더라는 것이다. 평가를 의뢰한 사람이 고가에 놀라 다음 날 수석 가에게 물었더니 '그게 진짜라면 2, 3천만 원이야'라고 하는 대답에 또 한 번 놀라 입이 째어질 뻔했다는 일화가 있다.

그러고 보면 400개 정도의 수석을 소장한 운향은 얼마나 부자일까?

그는 수석을 놓고 사유하고 상상하기 위하여 문학가가 된 걸까? 지니고 있는 그의 문학솜씨를 응용하기 위해서 23년간 탐석(探石)하러 다녔을까? 확실한 건 문학가와 수석가는 불가분의 관계일 것 같다.

그는 돌을 채집을 하기 위하여 중국, 필리핀, 인도네시아, 러시아 등의 해외와 남한강, 임진강, 서해, 녹도, 금강, 제주, 지리산 등의 국내 강과 돌밭을 바람처럼 훨훨 날아다녔을 것이다. 수석으로 감지되는 돌은 아무리 무겁고 부피가 커도 그 숨은 자연미에 도취되어 그것을 배낭에 담아 등으로 져 날랐다.

제 모습이 털끝만치라도 손상될세라 애써서 소장한 것을 전시함과 동시에 발간한 그의 석보가 내 서재에도 점잖게 자리하고 있다. 어느 누구에게 보여줘도 경탄할 것만 같다.

수석은 사전적 풀이로 관상용의 자연석이고, 문학적으로 풀이한다면 누구의 말처럼 산수경정석(山水景情石)일 것 같다. 그런 수석이 인공이 가해지면 가짜이고, 1백퍼센트 그대로에 석명을 붙이고 신비적 조형미로 간직해진 돌이 진짜 수석이란다.

운향처럼 20여 년의 풍운을 마다하지 않고 다듬어온 애석생활을 하고, 갈무리하기까지의 끈기와 섬세한 관찰력을 지니고 산 것처럼 산다면 어느 누구도 성공 못 할 사람이 없을 성싶다.

그는 그의 석보에 나열한 수석마다 자연적 생김새의 장점만을 제대로 해석하고 운문을 달아 주었으리라. 그 애석가의 사유와 상상 속에서 우러나온 표현처럼 우리도 이웃의 장점만을 집어내는 삶을 살아가자고 만인에게 말하는 전도사가 되고 싶다. (2006년 5월『수필문학』)

남원 문학기행

아직도 만인의총(萬人義塚)이 눈에 선하고, 원조 추어탕 맛이 가시지 않는다. 춘향과 이몽룡 간에 있었던 애틋한 사랑의 정서가 현대의 연애감각과 비교된다. 판소리와 민요가락이 이명(耳鳴)으로 남아 있다. 추천작가회 S회장과 어느 처녀회원과의 어울린 변장의 춤이 그날 밤의 이벤트였다. 최명희 문학관에서는 '작가의 정열이 강하면 그것이 혼불로 승화되는 것일까?' 자문해 봤다. 화엄사 경내의 수려함과 단풍이 아직도 눈에 선하다.

일반인과 달리 문학인에게만 느껴질 수 있는 소득이기에 금번 문학기행도 행복한 기행이라 할 수 있을 것이다. 그런데 이 행복한 문학기행을 자기만족에만 그치면 안 될 것이다. 이런 삶의 패턴이 우리가 살아가는 사회에서도 정서적으로 풍요로워지도록 글을 써 나간다면 얼마나 값진 문학기행인가.

2005년 수필문학추천작가회 연차대회 및 동인지 출판기념회를 11

월 5, 6일, 남원 한국콘도에서 갖게 되었는데 경향각지에서 온 문우들이 오붓이 모여 반갑고 즐거웠다.

춘향이 전설의 발원지인 남원에 사람이 살기 시작한 것은 청동기 이후로 추정하고, 학자에 따라서 다르지만 고대 행정지도를 말하라면 지금의 남원은 마한에 속한 고장이라고 한다. 변천사를 보면 고려왕 제26대왕 때 남원군이던 것이 31대 공민왕 때(1360년) 남원부로 승격되었으나 1895년에 다시 남원군으로, 1931년에 남원면이 남원읍으로, 1981년에 남원시로, 1995년에 남원시와 남원군이 통합되어 지금에 이르렀다고 한다.(15면 7개동)

문학기행의 앨범을 한 장 한 장 넘겨보자.

첫날, 첫코스로 버스가 만인의총 유적공원 앞에 세워졌다. 순절(殉節)의 기상을 알리려는 듯 15.7미터의 '만인의사(萬人義士) 순의탑(殉義塔)'이 공원 입구의 좌측에 하늘 높이 솟아 있었다. 발길을 옮겨 충렬사본전(忠烈祠本殿)에 다가섰다. 그곳은 정유재란 때 남원성 전투에서 왜군과 싸우다가 순절하신 50여 충신의 위패와 1만여 무명용사의 위패를 모신 곳이다. 본전 뒷산에 올라 만인의총 앞에 옷깃을 여미고 묵념을 했다. 일반 묘보다야 몇 십 배 크지만 만인의 의군묘라 생각하기엔 초라했다. 그 묘엔 5만 6천여 명의 왜군과 싸우다가 순직한 만여 명, 의사 한 분 한 분의 신원을 분간할 수 없어 그 분들을 그냥 합장했단다. 그분들 때문에 배달민족의 후손이 대를 이어왔고, 얼이 살아 계승해 왔음이 아닐까.

금강산도 식후경이라. 버스가 우리를 남원 원조 추어탕 집에 내려준다. 남원이란 지방 이름엔 접두어로 춘향이, 접미어로 추어탕이 붙기 마련이다. 문학인은 으레 맛의 전통 집만 찾아다니는 미식가이던가. 식탁에서 주거니 받거니 술잔에 정을 얹어 권하는 모습엔 기존의 추어탕 맛을 더 돋우는 듯싶었다. 역시 음식 맛은 전라도야! 누군가가 찬사하는 바람에 식당 주인의 서비스가 알파로 이어진다.

점심 후, 남원시 관광과에서 나온 직원의 안내를 받으며 우리나라 대표적 정원인 광한루원(廣寒樓苑)에서 춘향의 옛 모습과 선비들의 누각을 구경하고, 조상의 숨소리를 들었다. 못에서 노니는 3천여 잉어 떼가 우리의 걸음을 멈추게 했다.

이어 현대문화와 고대문화가 접목된 '춘향테마파크(영화 촬영장이기도 함)'로 발걸음을 옮겼다. '사랑으로 가는 길'은 노인들이 가파른 언덕길을 수월하게 오를 수 있도록 건설한 야외 에스컬레이터다. 그 양 옆에 대나무 숲을 조성시킨 게 역시 농촌과 도시의 접목이랄 수 있고, 우천에도 지장 없이 움직이는 유일한 옥외 시설물이다. '춘향과 도령의 맹약(盟約)의 장' 입구에 사랑을 맹약하는 옥가락지를 형상화한 조형물이 역시 고대와 현대의 합성으로 일품이다.

그 전날 우리는 문학의 알맹이를 주워 담기 위해서 심포지엄장인 춘향문화예술관에 입실했다. 일사천리 임시총회가 끝나자, 열띤 수필창작 사례발표(박종숙, 최홍식)를 청취했다. 그 후엔 만찬장으로 향했다.

밖으로 나와 보니 암흑이 대지를 삼켜버렸지만 꿩 대신 닭인가 가로등이 숨 쉬고 있었다.

남원한국콘도엔 박종윤 부회장(남원여고 교장)께서 만찬회 자리를 마련해 놓았다. 팔도의 사투리를 듣는 재미로 귀가 즐거웠고, 포만감이 넘치도록 대접을 받아 박부회장께 감사한 마음 그지없었다. 식후 여흥이 시작되기 전, 남원시립국악원들이 특별공연을 하는 판소리와 가야금산조, 민요를 듣는 동안 우리나라 전통 고유의 음악적 진수를 맛보았다. 이어 술이 거나한지라 노래와 춤으로 어우러지기 시작하는데 70대와 40대가 손을 맞잡고 댄스를 하는 모습은 격세지감을 갖게 했다. 전봇대 추천작가회 회장이 키 작은 아가씨와 변장을 하고 추는 춤은 이벤트적 폭소 감이었다.

이틀째의 날이었다.

첫코스로 혼불문학관에 들렀다. 그 곳을 보는 순간에도 지방자치제가 아니었다면 이렇게 훌륭하게 춘향테마파크나 문학관이 건립되었겠느냐는 생각에 지방자치제의 장점을 말하고 싶었다.

『혼불』 독후감에서 '혼불상' 수상자인 이진주는 혼불의 작가 최명희가 난소암으로 죽은 것에 대한 안타까움을, 『혼불』은 '제 어미를 잡아먹은(52세에 죽음) 살모(殺母)의 자식이기도 하지만 그 어미를 죽여 마침내 불멸의 빛으로 만든 익모(益母)의 자식이기도 하리라'고 표현했다.

또 그는 『혼불』에서 '이 소설은 진정 사람답게 사는 것은 무엇인가, 우리의 삶에서 무엇을 추구하며 살아야 하는가를 고민하게 만들었다. 가문, 학벌, 재산, 신분을 모두 벗은 진짜배기 사람들이 그 삶의 고갱이가 바로 혼불이었다. 심진학 선생과 지용훈, 그리고 도환과 강호가 몸소 보여주는 사람, 사랑의 마음과 인간해방의 정신, 그리고 그것을 바탕으로 역사와 민족의 제자리 찾기 노력이야말로 그 혼불의 현현(顯

現)일 것이다.'라고 기술했는데 나는 그 말이 혼불의 주제가 아닌가 싶었다.

문학에 들뜬 마음이 달리는지 버스가 달리는지 우리 일행은 우리나라 최초의 국립공원으로 지정된 화엄사가 위치한 지리산자락에 다다랐다. 버스에서 내리자마자 눈앞에 펼쳐진 수려한 경관, 우아한 산세와 기암절벽, 그에 금상첨화인 단풍이 탄성을 자아내게 했다. 그곳에 자리 잡은 화엄사는 백제 성왕 22년(544년)에 창건되어 그 경내에 국보 4점, 보물 5점, 천연기념물 1점, 지방문화재 3점이 소장되어 있다고 한다. 찬란한 천년 불교문화의 요람지인 화엄사 경내의 단풍에 매료된 동호인과 절경을, 친절한 N문우가 카메라에 담아 e-mail로 보내주어서 PC에 저장하고 가끔 추억을 열어보는 재미가 쏠쏠하다.

금번 남원 나들이는 역시 관광이 아니라 문학기행으로서 남원을 중심한 전래의 우리 역사를 탐구하는 자리였고, 문학적 소제를 발견하는 기회였다. 또 춘향의 정절과 만인의총의 충절, 혼불의 문학정신 등을 후세들에게 전수되도록 글을 써야 하는 의무감도 갖게 했다.

(2005년)

명사십리(明沙十里)를 걸으며

아, 저 수평선을 보는가! 어느 선까지를 경계 삼아 수평선이랄 수 있는가. 아마도 인간의 인식의 범위가 미치는 곳까지를 수평선이라고 했겠지.

저 허공에 덩실하게 떠있는 해를 보라! 컴퍼스로 아무리 잘 그려도 저렇게 둥글게 그릴 수 있을까. 너무 신비로운 원형(圓形)이다. 작위적으론 도저히 표현해낼 수 없는 빛깔과 미모의 얼굴로 무한대의 바다를 애무하고 있는 모습에 감탄사를 연발할 수밖에 없다.

아무리 아량 있게 사회생활을 한다 해도 인간의 마음은 저 수평선 안의 바다처럼 넓지 못할 것이 자명한데 어이할까. 만인의 심전(心田)에 저 해처럼 아름다움을 각인시켜줄 수 없는데 역시 피조물인 인간이라는 한계에 부딪쳐 안타까울 뿐이다. 아무리 먼 훗날에 이 글은 쓴다 해도 그 서경은 현재형으로 쓸 수밖에 없을 정도로 현장감 넘치고 감동적이었다.

낙엽이 우수수해지는 어느 날, 한국소설가협회 주최로 '보령세미나'가 진행되었다. 그 연장선상에서 보령과 부여지역의 문학기행도 하게 되었다.

귀경길에 우리 일행이 대천해수욕장의 모래톱을 걷기로 했다. 삼삼오오 우정과 문학으로 얽혀 걷는 중애 어느 작가가 모래를 한줌 쥐고서 "이 건 모래가 아이라예. 조개껍질이 바스러져 이렇게 고운 게 아닙니꺼"라고 하잖는가. 그래 나도 그것 한줌을 집어 만져 보니 정말 그 건 석질(石質)이 아닌, 밀가루 촉감이었다.

대천해수욕장은 대륙붕이 넓고 완만하며 모래 입자가 너무 고와서 '명사십리'라고 불러졌을까. 본래 명사십리란 함경도 원산해수욕장의 아름다움의 애칭이었다. 문학사를 빌리면 조선시대에 『명사십리』란 소설도 있었다. 그 줄거리는 남여의 사랑과 기이한 인연을 이야기한 글인데 그날 모래톱을 걷다보니 남녀간 연정의 에피소드가 모래톱 사이사이에 숨어 있는 것만 같았다.

명사십리를 걷다보니 나는 한국인장박물관 견학, 예당큰집에서 고전적 한식을 했던 일, 개화예술공원 관람, 낙조탐미, 홍상화 집필실 견학, 성주사 유적지 탐관, 무량사 관광, 보령해물칼국수집의 미각, 이 모든 추억거리들을 기억의 앨범으로 접어둔 채 망망대해를 바라볼 수밖에 없었다. 아울러 공중의 해에게도 송두리째 넋을 빼앗긴다.

바람은 없는데 잔잔한 파도가 하얀 물거품을 일으키며 내 발등을 간질인다. 사라지는가 싶으면 뒤따라오던 파도가 연속 플레이를 하며 서경(敍景)의 운치를 보여 주었다.

구름 한 점 없는 하늘 아래 두둥실 태양은 유아독존의 존재였다. 그 아래 수평선은 아마 제트기를 타고 가면 그 곳까지 다다를 수 있을까. 그런다 해도 필경은 지구를 한 바퀴 돌아서 출발지로 오고야 말 것이다. 과연 바다란 얼마나 무한대로 광활한가. 넓음의 상징은 바다다.

사회생활 또는 공동체 생활에서 마음 씀이 넓으면 이해와 용서, 화해가 창조될 것이다. 그러나 도랑물처럼 옹졸한 인간들, 정치 지도자들 밑에 사는 국민은 울분과 싸움, 고통이 있을 뿐이다.

바다와 앙상블로 내 정서를 압도한 것은 역시 해(太陽)다. 해가 동식물의 생명적 에너지인 것은 두 말할 나위가 없다. 그런데 그날 내게 어필된 태양은 원형의 원만함이 너무 신비스럽고 아름다울 뿐 아니라, 항성(恒星)의 발광체로서 억겁의 세월동안 한자리만을 지킨다는 지조의 모델이었다.

해가 서쪽으로 가고 있다. 그러나 과학자 앞에서 '해가 지고 뜬다'고 하면 어불성설이라고 할지 모른다. 지구가 자전을 하기에 해가 지고 뜨는 것이요, 지구가 공전을 하므로 인하여 인류가 춘하추동 계절의 축복을 만끽한다는 사실을 누구인들 모를까만 나부터도 그저 해가 지고 뜬다고 말하고 있으니, 무식하다기보다 인식의 범주를 벗어날 수 없는 인간이어서라고 자위하고 싶다.

태양은 지조를 변하지 않고 발광체로서 온 누리에 베풀기만 하기에 억조창생으로부터 숭앙의 대상이 되고 있음이 분명하다. 그러고 보면 그런 태양을 창조해 주신 조물주께 감사의 기도를 쉬지 않아야 도리일 성싶다.

아량과 지조 이야기를 나열하다보면 어두운 나라의 현실이 머리를 스치고 지나간다. 세계화를 지향하는 글로벌시대인데도 우리 정치인은 반세계화(反世界化)로 가고 있고, 너무 옹졸한 정책만을 펴나가고 있다. 국사를 추스름에는 우선순위가 있는 법인데 앞으로 헤쳐 나갈 일을 놔두고 과거사 들추기부터 들고 나와 옹졸한 세상을 사는 국민이 너무 피곤하다. 우리 정치하는 선량들에게 바다처럼 넓은 마음, 태양처럼 온 국민을 골고루 어루만지는 정치 이정표를 펼쳐달라고 주문하고 싶다.

태양과 바다는 물론 인간과 삼라만상의 생태학적인 면에서 생각할 점이 더 많으리라고 여겨진다. 그럼에도 한가하게 서경의 이야기를 앞세우다니, 아마 작가의 생활습성이 아닌가 싶다. 다만 그런 여유 있는 세상이 되기를 염원하는 정신적 고찰이기에 이런 표현이 오히려 정신적 선도(先導)가 될 성싶다.

오늘도 내일도 수평선 안의 바다 같은 무한대의 아량을 갖고 살도록 노력할 것이고, 태양처럼 어느 누구에게나 아름다운, 배품 고매한 인격이 각인되도록 최선의 삶을 살 것이다. (『한국작가』 2006 봄호)

쌍지팡이

- 소설 입문 이야기

『당신도 소설을 쓸 수 있다.』란 책이 있다. 그 제호(題號)는 작가인 전상국(강원대학 국문학 교수) 교수가 소설 쓰기 비법의 길잡이로 출간한 책의 이름이다. 나는 어느 여름에 그 책을 가지고 몸부림 맘부림한 결과 의외로 옥동자를 쉽게 얻었다.

20세기 막음 해에 월간 『수필문학』으로 등단한 이래 괄목할 만한 작품을 남기지 못한 것 같다. 그런 주제에 감히 소설장르를 넘보는 일은 주제 넘는 소위(所爲)인 줄 알면서도 소설을 쓰겠다는 옹고집을 꺾지 못했다.

그렇게 고집한 구실이 있을 터, 수필은 지면이 고작 15~20매여서 사유적인 인생 이야기나 사상을 구체적으로 표현하는 데는 한계가 있다는 것을 느꼈다.

졸자는 종교인으로서 시공(時空) 안에서 만나는 요철(凹凸)의 인생이야기보다 완전하고 절대적인 행복이야기를 늘 하고 싶었다. 뿐만 아니라 보편적이고 현실적인 삶을 이야기하면서도 인생의 근원적이고 승화된 가치관 이야기를 강조하고 싶었다. 그래서 공들여 강을 건넌 결과 여러 단편작을 발표함과 동시에 첫 소설집 『짧은 행복 긴 행복』을 출간하게 되었다.

이렇게 소설을 쓴다고 해서 수필창작을 포기한 것은 아니다. 지금도 수필의 모자를 쓴 영혼이 심장에서 꿈틀거리고 그 즐거움이 심전(心田)에서 무희를 한다. 숨 거두는 그날까지 수필과 소설의 쌍지팡이를 짚고 살아갈 것이다.

어느 날, 영풍문고의 젊은 열기 속을 헤집고 들어가 교양지 코너에서 고양이처럼 동공을 굴렸다. 『당신도 소설을 쓸 수 있다』란 책이 졸자를 유인했다. 그 다음은 『한국현대소설론』이었다. 그 두 권의 책으로 '작가가 되느냐 못 되느냐'의 승부를 걸기로 결심하고 탐독하기 시작했다. 『한국현대소설론』은 학술적이고 좀 어려운 편이고, 『당신도 소설을 쓸 수 있다』는 저술은 생활문학에 가깝고 이해하기 쉬운 길잡이였다. 그래서 후자를 더 다독했고, 그 책에서 요점 부분을 발췌하여 압축교과서를 만들었다. 이래저래 후자만도 10독은 한 것 같다.

소설 쓰기를 터득함에 있어서 시점(視點)을 체질화하는데 시간이 많이 걸렸다. 그 다음은 구성이 중요했다. 수필의 구성은 한 문장 또는 단락배열에만 국한되지만 소설은 수필쓰기의 형식에다 여러 긴 이야기 관계까지의 구성에 신경을 써야 했다. 효과적인 학습을 하기 위해서 시중에 있는 전상국 소설작품을 우선 다 구입하여 그 속에서 주제, 시점, 서두쓰기 등의 모범사례를 재조명해냈다. 그러다 보니까 거의 전상국 스타일의 소설쓰기가 되었을 지도 몰랐다.

국문학을 전공하지 않은 탓이겠지만 남의 실험소설을 읽을 때 난해할 뿐 아니라 그런 식으로 쓸 줄 모르는 것이 아쉬움이다. 그러나 고전적 작법으로 작품을 형상화 하는 데는 여명(黎明)의 길에 들어선 것 같다.

소설학도는 단편 20편 정도를 쓴 다음에 품평을 받으라 했지만 10편 정도를 쓴 다음에 고위급 문인으로부터 객관적인 품평을 받고 싶었다. 그런데 소설문단에 아는 사람이 있어야지…. 몇 지인에게 부탁하여 소개 받은 분이 문학평론가이고 시인인 故 윤병로 교수(성균관대학 교수, 월간 『순수문학』 심사위원, 2006년 작고)와 소설가인 구인환 교수(서울대 사범대학 명예교수)였다.

단편 두 편을 심사의뢰 했는데 하나는 자서전적 소설이고 하나는 세태풍자소설이었다. 후자의 제목은 「울먹이네와 프린세스」였다. 그 주제는 인간의 생명존중이었다. 그 소설을 구상하면서 반년 정도 애완견 기사를 스크랩북 했고, 그에 대한 도서도 구입해 읽었다. 그 이야기는 외형상 젠틀맨이고 부자인 정인몰이 프린세스(정인몰이 기르는 애완견)가 죽자 그 시체를 화장하여 호화판 장례까지 치루면서 그의 셋방에 사는 울먹이네(시각장애인의 아들)는 전혀 돌보지 않았다. 그렇게 몰인정한 여자가 나중에 알게 된 것은 울먹이네가 자기 여동생의 아들이었다는 것이다.

그렇게 빨리 그 작품이 등단작이 되리라고는 생각하지 않았다. 다만 그 작품을 심사위원에게 읽히게 한 다음 앞으로 소설을 쓸 수 있는 가능성 여부만 알려달라고 부언했다. 만약 심사위원들로부터 소설을 쓸 가능성이 없다는 언질만 받으면 그 일에 더 이상 시간 버리지 않고 수필 쓰는 것으로만 만족하려 했던 것이다. 그런데 고 윤병로 교수가 "단어 한 곳만 과장표현하면 되겠습니다. 수정하여 가져오면 「울먹이네와 프린세스」를 등단작품으로 추천하겠으니 당선소감을 써오시오"라고 하지 않는가. 소설을 창작할 가능성이 있다는 말만 들으면 만족하려했는데 단번에 등단이라니! 싱겁기까지 했다. 중학교, 고등학교, 대학 입학시험을 통과할 때도 덤덤했고 수필장르에 등단할 때도 역시 그랬는데 소설장르에 등단한 그날만은 평생 처음 느끼는 성취감이었다.

상상력이 없이는 소설을 쓸 수 없는데 나는 어느 정도 상상력을 타고 난 걸까. 수필 등단작의 심사평에서는 '상상의 날개를 펼 수 있다는 실증을 보여주는 좋은 사례'라는 호평을 받은 적이 있지만….

자전적 소설이 아니라면 소설은 단연코 상상물의 구성체여야 할 것이다. 그런데 개연성이 없는 상상은 소설일 수가 없다. 반드시 개연성이 있는 소설을 쓰려면 세상사에 직접적인 경험이 풍부해야 함은 물론 간접경험을 위해서 얼마나 독서를 많이 해야 하겠는가. 가방 끈이 짧은 졸자로서는 걱정이 안 될 수 없다. 그러나 정말 사실과 진배없는 허구문학을 창작하여 인류문화와 행복에 이바지 하고픈 생각만은 누구 못지않게 간절하다.

수필가라면 누구나 문학적 소양을 갖추어졌다고 할 수 있다. 수필가가 소설을 쓰려면 수필의 창작력에다 상상력을 증가시키고 문장구성에 더 집중하며 글쓰기 전에 시점(視點)을 먼저 결정하는 일만 익숙해지면 될 것 같다. 하기야 현대 젊은 층 소설작가는 시점을 거의 무시하는 실험소설을 쓰는 경향도 있다. 그러나 실험소설을 쓸 정도의 작가는 이미 소설 쓰는 기본 작법(공식)을 익숙한 작가임을 잊지 말아야 할 것이다.

이 졸자가 소설을 썼다면 수필을 쓰는 어느 누구인들 소설을 못 쓰랴 싶다.

수필은 내 문학적 고향이다. 구체적으로 내 사상의 지경을 넓혀보고 싶어서 불가피 소설장르의 문을 열어 본 것이다. 그렇게 살면서 감춰진 황홀한 문학적 비밀을 맛보는 일은 졸자로서의 또 다른 보람이 아니었겠는가.

(2007년 3.4월호 『수필시대』)

문향(文鄕), 서라벌에서

세련미가 있으면서도 에로티즘한 '아사달의 魂(석공들이 집대성한 석상)'을 감상한 것이 금번 문학기행의 도입(導入)부문이 될 것 같다. 그 석상(石像)을 비켜선 일행이 이제는 동리·목월(김동리·박목월)문학관을 향해 발걸음을 옮겼다. 동양 전래의 날렵한 기와집 추녀가 우리의 시선을 끌었고, 아담한 전시관이 문인들 심전(心田)을 채우기에 안성맞춤이었다.

쌍벽(雙璧)의 전시실, 먼저 들어간 곳이 동리문학관이었다. 두 분의 문학은 생동감이 넘쳤다고 웅변하듯 반신의 동상들이 우리를 반겼다. 근대의 책보다는 겹겹 세월의 때가 묻은 고서와 노트들이 가지런히 진열되어 그 당시 문학의 정취가 우리를 고전의 늪으로 안내했다.

김동리 선생이 쓰던 먹, 붓에서 아직도 먹 냄새가 향긋했고, 시 낭송하는 박목월 선생의 육성을 들을 수 있어, 문명의 이기(利器)는 세대를 압축시키나 싶었다. 그리고 목월 선생이 평소에 입었던 양복과 만년필은 그의 동상의 미모만치나 정갈하고 아름다웠다.

두 분의 유품과 글귀를 탐미하면서 '나도 죽으면 이런 흔적(痕迹)을 남길 수 있을까?' 채근하면서 그 일에 당연지사(當然之事)인 양 책임감까지 느꼈다.

만추의 어느 날, 유구하고 화려했던 신라역사를 지닌 경주에서 2006년도 수필문학 추천작가회 연차대회 및 동인지 출판기념회가 열렸다.

다음날, 일행은 동리·문학관에서 서라벌 문호였던 쌍벽의 발자취를 더듬으면서 두 분이 후세에 끼친 흔적들을 더 상세히 알게 되었다.

김동리 선생(1913~1995)은 경주 태생으로 24세에 동아일보 신춘문예에 단편소설 「화산(火山)」으로 당선된 후 「무녀도(巫女圖)」,「을화(乙火」 등 헤아릴 수 없는 장·단편의 불후작을 출간하거나 발표하여 20세기의 시류(時流)라 할 만치 독서열풍을 일으켰다.

그 중에 「을화」는 노벨문학상 본선에 진출하기까지 했다. 수상작으로는 43세에 받은 자유문학상을 비롯하여 굵직한 다섯 개의 문학상과 국민훈장(모란장)까지 서훈 받은 바 있다.

그의 경력으로 서라벌예대 교수, 한국문인협회 이사장, 중앙대 예술대학장, 한국소설가협회 대표, 대한민국 예술원 회장을 역임했다. 뿐만 아니라 문학박사이시고 조선일보 신춘문예에 시 「白鷺」로 입선했다. 그리고 『한국문학』을 창간하기도 했다.

김동리 작품세계의 평을 보면 「을화」가 세계인들에게 환영받은 것은 토착문화의 전통이 인류의 보편성으로 받아들여졌기 때문이라 했고, 휴머니즘을 바탕으로 인간의 운명적 삶의 공간과 토착정서를 배경으로 해서 작품을 구성했기 때문이라'고 했다.

박목월 선생(1916~1978)도 경주 태생이면서 김동리 선생이 소설가인데 반해서 그분은 시인이셨다.

그 분은 『문장지』에 정지용 선생의 추천으로 문단에 등단했고, 이화여고 교사와 한국시인협회 회장, 한양대학교 문리대학장과 세 곳의 대학교 교수로 역임하셨다.

그리고 시잡지 『심상(心象)』을 창간하기도 했다. 저술로는 첫 시집 『산도화』를 펴내기 시작하여 수많은 시집을 발간하고 발표하여 그의 시는 고금을 막론하고 온 국민의 뇌리에 담겨지게 됐다. 수상으론 제3의 장유문학상을 비롯하여 국민훈장모란장 수상 등 김동리 선생에 버금가는 수상을 했다.

박목월 선생의 시 세계, 평 역시 '초기 시는 자연과의 교감과 향토적인 정서를 배경으로 하여 본원적인 고향을 추구한 시편들이다. 라고 했고, 우리의 전통적인 율조와 조화됨으로써 북에는 소월, 남에는 목월이라는 말을 듣고 있다'라고 했다.

참 다행인 것은 그 쌍벽문학의 맥을 기리는 후배들이 있었다. 동리·목월 기념사업회장인 장윤익 교수를 필두로 쌍벽의 기념사업회를 조직하였고, 그의 기념문학관을 불국사와 토함산 지근의 위치에 2000년 9월에 짓기 시작하여 2004년 11월에 완공하고, 문학관 개관 기념 겸 제1회 동리·목월 문학축제를 성대히 거행한 바 있다. 앞으로 그 문학관은 온 국민에게 그들의 문학흔적을 전시하여 문학적 휴머니즘 정신을 고양하는 것은 물론 문학행사나 문인들을 길러내는 세미나장으로 사용된다고 한다. 두 분의 장서만도 2만여 권이라니 그것만으로도 그 분들의 넋을 전하기에 족할 것으로 사료된다.

그렇게 볼 때에 경주가 한국의 문향이라고 해도 지나친 말이 아닐 것 같고, 두 문호는 서라벌에서 지금도 숨 쉬는 쌍벽이라고 할 수 있을 것 같다.

두 분은 한 눈 팔지 않고 문학으로만 정진했다. 그리고 그 일에만 열심 했다. 수많은 저술을 하고 청소년을 가르치면서 직접적으론 후학들에게 간접적으론 온 국민의 뇌리에 향토문학과 애국심을 심어줬다. 나는 문학의 풋내기이기에 그 두 분이 생존해 계셨더라면 두 분의 구두닦이라도 되어보고 싶은 심정이다. (2006년)

한국 문학사의 두 거목(巨木)

7월 15일, 선산에서 우리 문학사의 두 어른을 만났다. 그 만남은 이웅재, 조한숙, 이명재 교수의 가교로 감각세계의 한계를 넘어서 이뤄졌다. 두 거목은 제도권 속에서 탐탁하게 공부를 하지 못했지만 열심히 문학에 몰입하여 입신양명하였고, 후대에도 대단한 영향력을 발휘하고 있다. 이름하여 연암 박지원, 김소운 선생이시다.

제16회 한국수필문학가협회 하계세미나가 고 박정희 대통령 생가 가까운 선산에서 열렸는데 그 주위의 나무 이파리 끝에는 아직도 10·26 사건의 눈물이 고여 있었다.

「연암 박지원의 문학세계」란 주제로 강의했는데 진지하게 경청하는 회원들의 모습은 청명한 밤하늘 별무리인 양 아름다웠다. 작가들이 양산되는데 반해서 작품의 수준이 저하되어간다는 오늘에 시의 적절한 강의라고 생각되면서 지금까지 문학선열들을 연구하지 못했던 일이 너무 아쉬워 가슴이 옥죄임을 당하는 것 같았다.

나는 초등학교를 월반, 6개년의 중, 고교도 4년(월반)밖에 수업을 못했는데 그것마저도 점원생활하며 등교하였기에 전 수업시간의 반밖에 수업하지 못했다. 탄식과 눈물로 교직된 고학이었다. 때문에 교과서 이외의 글을 접할 기회가 아주 없었다. 대학도 역시 문학과는 거리가 먼 전공을 하다가 입대했는데 나의 공부는 그것이 전부였다. 그런 연유로 나는 수필을 쓰면서부터 연암 박지원과 김소운의 이름 정도를 듣기 시작했다.

짜집기식 아니면 넝마주의식 공부를 한, 필자와 같은 문학의 문외한이 또 어디 있을까 싶어, 연암 박지원과 김소운에 대한 술회를 한다는 것은 공자님 앞에 문자 쓰는 격이라 여겨진다. 그래서 이 지면에 펼치는 이 글은 이러구러 터득한 두 거목에 대한 변죽에 불과하리라.

연암 박지원(1737-1805)은 고대 문인, 김소운(1907-1981)은 현대 문인이란 점이 두 분 간에 다른 점이고, 제도권 속에서 공부를 탐탁스럽게 못한 점, 여러 장르 중에 그 분들은 수필에 더 현학적이고 다작했다는 점이 공통점이라고 할 수 있겠다.

수필이란 명칭의 유래는 연암 박지원의 『열하일기』 중 수필양식으로 써진 글을 일신수필(馹迅隨筆)이라고 칭한 데서였고, 금년은 마치 수필을 다작한 김소운 선생의 탄신 100주년이 되는 해여서 7월 15일을 '수필의 날'로 제정하게 됐다는 것이다. 차제에 수필가의 두 거목에 대한 금년 세미나는 기념비적이라고 해도 무방할 것 같다.

첫 번째로 연암 박지원에 대하여 배우게 된 바를 서술하련다.

그의 작품 중 중요서적은 우선 『열하일기(熱河日記』, 『연암집』, 『허생

전』, 『과농소초』, 『한민명전의』, 『호질』,『마장전』, 『예덕선생전』, 『민옹전』, 『양반전』 등이다.

그는 글을 씀에 있어서 '법고이창신(法古而刱新)'을 제창(提唱)하면서 '오문(吾文, 자기의 글쓰기)'을 주장하였다. 『열하일기』 피서록(避暑錄)엔 '우리나라 시인들이 중국의 고사를 쓸 때, 멋대로 차용하기는 했으나, 정말 눈으로 보고 발로 밟아서 체험한 이는, 오직 익제 한 사람이 있을 따름이다.'란 기록이 있다. 고금을 막론하고 옛 문학을 본받으면서 창조적 글쓰기를 하라는 말이다. 모방이나 표절을 일삼는 오늘의 문학도에게 본보기의 말이 아니겠는가. 금년에 조한숙 교수가 연암의 『열하일기』를 간접체험하기 위해서 대련을 출발해서 밀운, 북경까지 문학기행을 한 것 역시 작가적 정신의 효시이리라.

조동일이 연암의 문학관을 이야기 하면서 '그에게 문학은 낙척불우(落拓不遇)한 위치에서 사회를 비판하는 선비가 할 수 있는 다른 어떤 활동보다도 중요한 것이었다.'라고 소개한 것을 보면 작가는 역시 잘못되어 가는 사회를 보고 개혁적 책임감을 가져야 한다고 강조한 것 같았다.

연암은 글을 쓸 때에는 사실을 그대로 꾸밈없이 표현하는 진실이 으뜸이 된다고 생각했다는 것이다. 그래서 연암의 본심을 터득하자면 글을 쓸 때에는 역시 과도한 미화의 방법으로 위장과 수식을 남발하는 것은 삼가야 할 걸로 여겨진다. 한편 그는 융통성 없는 작가 같으나 경직된 유가사회(儒家社會)의 비리들을 골계와 풍자의 열기로 용해시켜 새로운 시대, 새로운 사회가 요구하는 문학의 이념을 꽃피웠다고 한다. 그런 맥락에서 연암은 문학을 통해 실학을 실천한 학자로 회자되고 있다.

박희병 교수는 연암을 셰익스피어, 괴테, 소동파에 비유하는가 하면 중세기 우리나라 최고의 문호라고 했고, 고미숙 선생은 그분을 천재라고 했다.

연암은 30세부터 실학자가 되었고, 서양의 신학문을 접하게 되었다고 한다. 그는 43세에 『열하일기』를 썼는데 서문을 비롯하여 피서록까지 26권이나 된다. 그 글 중에 청나라의 실제적인 생활과 기술을 소개하면서 당시 조선의 정치 경제 사회 문화 등을 비판하고 개혁을 논했다고 한다.

좀 더 구체적으로 말하면 『열하일기』는 연암이 1780년, 청나라 고종(高宗)의 칠순 연에 가는 도중 열하에 들려 문인들을 사귀는 동안 실사구시적으로 중국의 역사, 지리, 풍속, 습상, 고거, 토목, 건축 선박, 의학, 인물, 정치, 경제, 사회, 문화, 종교, 문학, 예술, 천문, 병사 등을 서술했다는 것이다.

그는 1786년 선공감감역(繕工監監役)을 시작으로 15년간 벼슬을 했다고 한다. 아쉬운 점은 그는 한문소설 한문수필 한문시를 다작했지만 한글작품을 남기지 않았다는 점이다.

두 번째로 김소운에 대한 이야기를 하려고 한다.

그는 그 당시 유네스코 국제회의에 우리나라 대표로 참석할 정도의 대표적 문학인이었다. 그리고 그는 '우리문학기림회'와 동경대학 비교문학회가 공동주최로 '김소운문학 국제학술 심포지엄을 열 정도로 훌륭한 문학인이었고, 그의 작품 자체가 애국적이어서 부산 영도 해변공원에 그의 문학비가 세워져 있다.

그는 누구보다 많은 업적을 남겼다. 그를 부러워하고 본받아야할 점은 그의 전업적(專業的) 프로정신이다. 그 결과 그는 10권의 시집 『삼오당잡필(三誤堂雜筆)』을 필두로 19권의 수필집, 일어작품 10권, 동화작품과 많은 번역본도 남겼다.

그는 일본에서 반평생 가깝게 살았다. 그러던 중 모국의 자유당 말기의 악습을 비방했다 해서 입국거부 당한 채 일본에서 살면서도 글로써 애국했다는 것은 얼마나 사표가 되는 일인가! 민족의식을 올바로 지켜내고 우리 문화가 일본으로 수출되었다는 것을 일인(日人)들에게 역설하면서 한국문화의 고전성을 설파했다. 그것은 그가 쓴 「목근통신(木槿通信)」을 정독하므로 알 수 있다고 한다. 따라서 그를 친일작가로 몰아갔던 오해도 풀린다.

『목근통신』, 『은수삼십년(恩讐三十年)』이란 수필집에서 "나를 낳아준 어머니가 문둥이라 하더라도 나는 그 어머니를 클레오파트라와 바꾸지 않겠다." 라고 절규했고, "문둥이의 조국! 그러나 내게 있어서는 어느 극락정토보다도 더 그리운 어머니의 품입니다." 라고도 했다. 얼마나 감동적인가. 그는 한국을 질시하는 일인들에게 "우리는 지옥의 대명사처럼 가난하다고 해도 우리가 지녀야 할 덕성은 일인들 못지않게 지니고 있습니다." 라고 했다. 그리고 "개인의 이웃은 떠나버리면 그만입니다. 그러나 민족의 이웃 국가의 이웃은 떠나버릴 수 없고, 땅덩이를 실어서 이사할 수도 없습니다." 라고 한 말은 투철한 국가관의 표현이라 아니할 수 없다.

연암과 김소운은 제도권에서 행복한 공부를 하지 못했음에도 그런 환경을 극복하고 입신양명을 해서 수많은 문학작품으로 후대에 잔잔한 파도를 일으키고 있다. 현대를 살아가고 있는 우리 문인들은 무엇보다도 작품으로만 말하는 웅지를 펼쳐주었으면 좋겠다.

두 분은 프로정신을 가지고 수많은 문학작품을 남겼다. 현하 동영상이나 전자매체 때문에 글 쓰는 의욕을 잃고 있다. 그러나 포기하지 말고 두 거목과 같은 프로정신을 살려나가야 할 것이다.

연암의 『열하일기』나 김소운의 『목근통신』을 비롯해서 그들의 글을 보면 문장의 구절구절에서 애국의 흔적이 묻어나오고, 그 정신이 글을 사랑하는 것 못지않게 확실했다. 나라를 사랑하지 않는 사람은 작가가 될 생각을 하지 말아야 할 것이다.

연암 박지원이 한글 작품을 남기지 않은 것이 유감이다. 세계적인 언어와 함께 훌륭한 문자를 사용하고 있는 우리는 외래어 문학보다 후대들이 국어문학을 우선하는데 기여되도록 많은 작품으로 유도하는 것이 마땅하지 않겠는가. (2007년 7월 『수필문학』 하계세미나)

문예 고장의 숨결

입추의 여지도 없는 통영시 청소년수련관에 입장하자마자 영상(映像)에서 내 귀가 솔깃해졌다. 그것은 통영 문예(文藝)가에 대한 고동(鼓動)소리였다. 마치 하늘과 바다와 섬으로 어우러진 문화향연의 한마당 잔치와도 같았다.

'한국 현대수필 100년의 회고와 전망'이란 주제로 열리는 세미나(2008년 8월 9~10일)에서는 물론, 통영을 떠나온 지금까지도 그 문예가들의 이야기가 생생하다.

언제 나도 통영의 문인 선배들처럼 내 고장을 빛내는 글을 쓸 것인가 숙제를 안고 왔다.

서울에서 출발할 때만 해도 동양의 나폴리라는 환상적 관광예정으로 마음이 들떴지만 케이블카로 미륵산 정상에 올라가서 한려수도의 팔경 중 한부분인 통영 앞 바다를 조망하면서도 임진왜란 당시 이 충무공의 해전 승전고의 쾌감과 그의 애국심을 동경하는데 그쳤다.

그래서 이젠 통영 문예가들의 발자취를 더 밟고 싶고, 그들의 숨결에 더 귀 기울이고 싶다. 명색이 글쟁이라는 자부심에서일까.

통영시청 문화해설사의 설명으로 그곳의 역사와 문화이야기를 다 들었다. 물론 세미나도 가졌고, 함양의 상림수목원도 관광했다. 그러나 통영에선 일정상 한려수도 조망과 박경리 묘소 참배 그리고 청마 유치환 선생의 문학관 견학에 불과했다. 그렇지만 그곳은 문예의 숨결이 다양한 색깔로 수놓아진 도시라는 것은 불문가지이다. 청마시인을 기념하는 청마거리, 청마우체국, 통영의 허파 역을 하는 문화마당 등 수많은 문학적인 견학코스를 지나친 채 귀경하는 것이 너무 안타까웠다.

그 도시엔 그럴만한 수많은 문예작가들의 구성원이 있었기 때문이다.

박경리, 김용익 소설가, 유치환, 김춘수 시인, 유치진 극작가, 시조시인 김상옥, 윤이상 금수현 음악가, 김준기, 전혁림, 이한우, 김형근 화가, 이중섭, 김봉룡, 주평 나전공예인, 김성수, 심문섭, 송방웅 공예인 등이 다 통영출신으로 그분들이 그곳의 문예역사를 이어왔단다.

세계적인 통영만 청정해역의 어획고가 통영시민의 배를 불리게 했다면 위의 모든 작가들은 17만 인구의 영혼을 살지게 했고, 그 해역을 윤색했다고 해도 과언이 아닐 터.

그렇게 되기까지 그 작가들이 태생적인 재질로 또는 풍성하게 주어진 삶의 여건에서 갈고 닦은 것이라기보다는 인고의 고통을 감내하면서 노력하므로 그 도시가 그렇게 채색(彩色)된 것이다.

박경리 선생은 14세에 아버지를 여위었고, 1950년 전쟁 중 과부가 되었으며 아들마저 그 당시 사별하였고 『토지』란 소설 연재를 하면서

암 선고를 받기까지 했다. 그는 그런 불후한 태생과 환경, 고독, 가난을 이겨내면서 그것들을 문학으로 승화시켰다. 청마 유치환은 시정에 대한 비판의 글을 쓰다가 공직에서 좌천을 당하면서도 굴하지 않고 사회 정화(淨化)를 위한 시와 소설 등을 창작해냈다. 어찌 이분들만 그러했겠는가.

내가 숨 쉬는 곳은 안양이다. 그래서 나도 이 고장의 문예를 발전시킬 의무가 있는 구성원이라는 말이기도 하다. 그러나 나는 아직도 통영의 작가들처럼 하기에는 함량 미달이어서 걱정이다. 그러나 통영의 작가들처럼 되고자 하는 꿈만은 포기하지 않겠다. 안양의 작가가 된다면 또한 한국의 작가이기도 하지 않겠는가. (2008년 9월 『수필문학』)

이병주 문학의 전도사

'태양에 바래지면 역사가 되고, 월광(月光)에 물들면 신화가 된다. - 소설 『산하(山河)』에서'라는 비문(碑文)은 那林 李炳柱 文學碑 하단에 새겨진 말이다. 그렇게 서정적으로 다가오는 말이 또 있을까.

무자년 10월 10일과 11일, 하동에서 열리는 토지문학제에 참석하고 돌아오던 길에 경남 하동군 북천면 직전리 230번지에 소재한 이병주 문학관을 관람했다.

그 문학관은 2,992제곱평방미터의 대지 위에 연면적 504,24제곱평방미터의 규모로 세워진 2층 목조건물이다. 내가 지금까지 봐온 문학관 중에 제일 큰 건물로 전시실, 강당, 창작실 등이 널찍하게 지어졌다. 새 건물임에도 고전미가 물씬 풍기도록 작가의 추억과 많은 유품들이 전시되었다. 조성사업비로 국비, 도비, 군비, 합계 34억여 원이 소요되었다고 한다.

문학관이 그렇게 세워지기까지는 애향심이 강할 뿐 아니라 문학을 사랑하고 그 문학에 혜지(慧智)한 최증수(崔增秀 63)관장의 헌신적인 역할이 있었기 때문이다.

이병주 문학에 압도되기에 앞서 문학관 관장의 정신이 더 부럽다. 나 역시 문학을 하려면 동서고금의 선배문인 중 한 사람 이상의 문학 행보에 대하여 최 문학관 관장처럼 설파(說破)할 수 있어야 하지 않을까.

최 관장이 그렇게도 이병주 문학 전도사 역할을 했다면 먼저 고 이병주 선생의 생애와 문학, 사상, 철학을 재음미해보는 것이 본주제의 순서일 것 같다.

고 이병주 작가님은 1921년에 경남 하동군 북천면에서 출생하여 북천공립보통학교를 입학했으나 졸업은 양보공립보통학교에서 했다. 그 후 진주 공립농업학교(27회)를 졸업한 다음 일본 메이지대학 문예과와 와세다대학 불문과에서 수학했다. 그리고 진주 농과대학과 해인대학에서 영어와 불어를 강의 했고, 이화여대, 외국어대학에서도 강사로 제직하였다. 해방공간에서는 국제신보 주필 겸 편집국장을 역임했으며 마흔 세 살의 늦깎이로 작가의 길에 들어선 그는 27년 동안 수필, 칼럼, 소설 등으로 한 달 평균 원고지 1천매의 집필, 80여 권의 방대한 작품을 남긴 분이다. 뿐만 아니라 그는 한국문학작가상, 한국창작문학상, 한국펜문학상을 수상한 바 있다. 출판계의 호응도 좋아서 2006년 4월 7일, 이병주 문학제 참석자들에게 한길사가 이병주 전집 30권을 출판하겠다고 공언하기도 했다.

그런 문호가 애석하게도 70세를 인생 정년으로 1992년에 타계하기에 이르렀다. 필자가 들은 바로는 타 고장에 비해서 훨씬 많은 문인들이 하동지역에서 배출되었다. 시인 정공채, 평론가 이유식, 소설가 김병총, 시조시인 김광수, 수필가 강석호(월간 수필문학 대표) 등 우리나라 문단을 주름잡고 있는 작가들이 많다. 하동은 축복받은 고장이라고 선전하고 싶다.

문학관 내부에 평소 집필하던 모습을 재현해놓은 작가의 조형물이 인상적이었다. 이 작가는 기자 시절 5·16혁명 정권에 대하여 「조국은 없다. 산하가 있을 뿐이다」라는 논설을 썼다가 혁명 재판소에서 10년 징역형을 선고받고 2년 7개월간 복역을 한 필화(筆禍)사건도 겪었다.

그는 1965년 『소설 알렉산드리아』를 『세대』에 발표하여 등단한 이후 『관부 연락선』, 『지리산』, 『산하』, 『소설 남로당』, 『그해 5월』, 등 대하 장편들을 상재하였다. 과연 초인적이다.

아무리 훌륭한 작가일지라도 그 정신을 계승해 주는 문학전도사가 없으면 문학사적 의의를 찾을 수 없을 것이다. 그런 의미에서 고 이병주 작가님은 훌륭한 후배, 탁월한 문학전도사를 둔 행복한 작가라 할 수 있지 않을까?

문학관 관장인 최증수 선생의 교직생활은 작가의 모교인 북천초등학교 교장으로 정년퇴임을 했다. 그는 위 학교 교장부임 초기에 제자들에게 읽힐 위인전을 고르다가 나림 이병주의 작품을 발견했다고 한다.

그 후 모교가 낳은 문호(文豪)를 후배 학생에게 소개하는 것을 사명감으로 여겼다. 그래서 최 교장은 고서점은 물론 백방으로 흩어진 이병주 작품을 모으기 시작하였는데 그 책이 1,000권에 육박하여 교장실 한쪽에 이병주 서가를 마련하였다고 한다. 그 작품을 꼼꼼히 읽는데 많은 시간투자를 하던 중 이병주 문학을 재조명하고 계승, 발전시키는 일을 본격적으로 추진해야겠다는 것이 그의 신앙으로 굳어졌다.

최 교장은 2001년에 나림 이병주 선생의 기념사업회를 위한 모금사업을 벌였는데 호응도가 너무 좋아서 2002년 4월에 이병주 문학제를 열었다. 지리산이 멀리 보이는 섬진강변에 이병주 문학비를 세우게 되었다. 또 최 교장을 비롯한 하동문화계 인사들이 문학비 제막식, 학생 백일장, 문학 강연회 등을 개최해오던 중 2005년 11월에 이병주 문학과 사상을 기리며 범국민적 동서문화운동으로 확장하기 위해서 정식으로 기념사업회를 발족시켰다.

오늘과 같은 이병주 문학관이 개관되기 까지는 우선 최 교장의 문학사랑이 동기였다.

그러나 문학을 사랑한다고 해서 오늘 같은 일을 일구어낼 수 있을까. 최 관장은 이병주 문학에 대한 끊임없는 연구를 했기에 그 문학의 전도사라고 찬탄을 받게 되었으리라. (2008년 『하동문학』 6집)

늦깎이의 보람

2003년, 1월호 『순수문학(純粹文學)』 월간지를 친지들과 문인들에게 우송했다. 그렇게 한 것은 소설문단에 등단한 것을 자랑하고 싶은 야릇한 발동이라고 할 수도 있을 것이나, 그보다는 내 생애에 있어서 늘 사랑의 신세를 지고 있는 분들에게 보은의 표시로, 동호인들에게는 기쁜 마음을 같이 나누고 싶은 순수한 마음에서였다고 말해두고 싶다.

문학지를 받은 분들로부터 보내온 답지들을 보고 있다. 찬사는 평소에 나를 긍정적으로 보아온 분들의 평가다. 별로 교분이 두텁지 않는 분이라 할지라도 그 장르에 고명한 분으로부터 받은 평가라야 성공적이라고 생각한다. 정에 앞서서 주는 칭찬보다는 작가들로부터 받는 객관적인 평가는 '나도 소설을 써도 되겠다.'는 자신을 더 한층 갖게 했다.

흔히 소설은 '거짓말 쓰기'라든가 '허구'라는 단순개념으로 생각하기 쉽다. 그러나 소설은 있어왔던 역사적인 사건, 있을 법한 현실의 개연성에서 쓴다고 하면 사실보다 더 확실한 것이 소설이라 할 수 있지 않겠는가.

우리가 일상생활 중에 남발하는 거짓말은 이웃에게 얼마나 많은 손해를 주고 생명을 앗아가기까지 하는가. 소설은 계몽운동이요, 행복스런 인생의 가치관을 구현시키기 위한 수단을 글로 엮어야 제 몫을 다 한다고 생각된다.

50년대에 해병 군목실에서 복무하면서 있었던 일이 생각난다. 어느 크리스마스 전날 밤에 내가 쓴 대본에 의해서 연출되는 하룻밤 행사를 치렀다. 지금 생각하면 유치하기 그지없는 일인데 말이다. 어찌 됐던 일찍부터 희곡이나 소설을 쓸 수 있는 잠재의식이 숨어있지 않았나 싶다.

1999년에 수필문단에 등단한 이후 수필집 2권을 졸작으로 내놓았다. 작가 A라는 분이 나의 등단작 소설을 읽고 전자우편을 보내면서 "변신했다고 해서 수필 쓰는 것을 잊지 마이소"라고 했다. "나의 문학 고향은 수필문단입니다. 소재만 있으면 수필 쓰는 것을 절대로 게을리 하지 않겠습니다." 라고 답을 보냈다.

나는 종교인이다. 내가 가진 가치관을 이웃들도 가질 수 있도록 하는 뜻을 글로서 표현하고픈 생각이 늘 있었다. 그런데 지면이 제한되고, 장르의 특성상 수필은 그 뜻을 펼치기에 적합하지 못할 것 같았다. 그래서 반년 동안 소설 쓰기를 독학을 한 것이다. 소설에 대한 강의를 받아본 적이 없기 때문에 '혼자 잘 쓰는 소설이면 무엇하랴, 검증을 받아야지.' 늘 자신이 없었다.

등단은 먼 훗날의 꿈으로 생각하고 일단 '나도 소설을 쓸 수 있는 실낱같은 실력이라도 잠재되어 있겠는가.' 라는 검증을 받아볼 필요를 느꼈다. 그러나 내가 알고 있는 고급문인이 아무도 없었다. 그래서 J라는 문인의 알선으로 S대 명예교수이시고 한국문예비평연구소장인 Y교수를 만났다. 두 편의 졸작을 그분의 데스크에 놓고 오면서 다만 소설 쓰는 법에 대한 미비점을 사사 받으면 만족하리라 여겼다.

며칠 후 그분 곁에 앉았을 때 뜻밖이었다. 그분이 「울먹이네와 프린세스」 중 두 군데의 단어만 정정했으면 좋겠다면서 그 작품을 추천해 줄 터이니 위 지적한 곳을 정정해서 『순수문학』 심사부에 제출하라 하지 않는가. "늦게 잡고 되게 친다"는 격언처럼 문학의 늦깎이에게 무슨 행운이냐 싶었다. 그날부터 나도 소설을 쓸 희망을 가져도 되겠구나 생각되었고, 한 달 후에 등단 소식의 통지를 받게 되었다.

등단작품의 주재는 생명존중이고 소재는 애완견과 애완견 주인의 사치성이었다. 어느 날, 애완견 하나에게 인간 이상의 대우를 하는 세태의 기사를 보고, 충격을 받았다. 그래서 1년 동안 신문에 게재된 애완견 기사를 스크랩 해왔다. 그것을 소재로 작품을 쓰면서 글의 주제를 인간생명의 가치존중으로 했다.

춘원 이광수 선생은 계몽주의 문학가로서 한국 최초의 근대장편 소설가다. 뿐만 아니라 그는 『유정』, 『무정』, 『무명씨전』, 『흙』 등 많은 작품을 쓰면서 자유연애와 민족의식을 고취시키고 그 당시의 동족들에게 지대한 영향을 준 문인으로 평가받고 있다. 그러면서도 계몽문학을 펼치면서 일본의 식민정책의 구미에 맞도록 했다는 점에서 비운의 지식인이었다고 평하는 사람도 없지 않다. 그런 것을 보면 펜을 움직이는 사람은 지조가 생명이며 백절불굴의 민족의식으로 영향을 주는 사명자로 글을 써야 한다고 여겨진다.

소설은 인간성을 그리는 작업이라고 생각한다. 그래서 등단작 「울먹이네와 프린세스」에서 주인공 정인몰과 오인영에 대한 인간성을 그린 것이다.

소설은 또한 상상의 산물이라고 생각한다. 지나온 역사도 재조명해야하고 현실(체험)의 개연성이 있어야 한다고 생각된다. 그것이 없는 소설은 허풍서 이외의 글이요 몽상에 지나지 않으리라.

등단작품을 쓸 때 그 소설은 애완견에게 쏟는 (인간보다 이상의) 지나친 소비풍조와 방송국 아침마당 프로그램에서 너무도 불행했던 이산가족재 상봉하는 장면을 배경으로 그린 것이다. 아마도 그런 작업을 창작이라고 표현하고 싶다. 그런 창작이란 없는 데서 있게 하는 것이 나니라, 어떤 상황의 있음에서 그것과 또 다른 있음의 상황으로 그려내는 것이라고 정의해 본다.

또한 소설은 언어예술이라고 표현할 때 글로 표현하는 언어를 얼마나 잘 구사해야 하느냐 생각해보면 펜대가 가일층 무거워지는 느낌이다.

이순의 끄트머리에야 문학의 창문을 연 늦깎이가 2년 후에 또 다른 장르에 등단했다고 해서 우쭐해질 필요가 있을까? 윤동주 시인이라든가 이광수 소설가는 20대에 벌써 문학의 창문을 자유자재로 출입했고, 현대의 기라성 같은 소설가들은 30, 40대가 주류인데 말이다. 참으로 격세지감을 지닐 수밖에 없다.

하여튼 늦깎이의 보람을 자위만 하고 있을 것이 아니라 독자에게 감화되는 소설을 쓰므로 그 보람을 승화시키는 것만이 문단 데뷔자의 본연의 자세라고 다짐해 본다.

(2003년 추천작가회 동인지)

4부

세상을 껴안는 길러

· 칠레의 산호세 광산사고의 뉴스에 원근을 망라한
지구촌의 이웃들이 얼마나 안타까워했던가.
생활환경 개선에 꼭 필요한 구리(銅),
그 구리를 캐는 광산이 무너진 지 69일 만에
매몰되었던 광부 전원이 구조되었다는 뉴스를 듣던
나도 운전을 멈추고,
와! 환성을 지르면서 박수를 쳤다.

청소년 교육의 현주소

만추의 어느 날, 압구정동에 있는 광림교회 장천 아트홀에서 HD대학 입학 설명회가 있었다.

대학 입학은 인생 초반의 중요한 길목일 것이다. 그래서인지 벌써부터 부모들은 물론 본인들의 눈빛에 초조의 기색이 역력했다.

백발이면서도 호기 넘치는 K 총장이 인사차 설명회에 앞서 등단하더니 그 학교의 비전과 교육철학을 이야기했다. 그의 교육 이념을 기차선로 구조에 비유하면서 그 구조가 공자(工字)와 같은 구조라고 설명했다. 즉 침목이 선로의 받침이 되듯이 학생은 신앙(침목)을 기초로 하고, 그 위에 지식을 쌓게 하여 배운 지식을 가지고 이웃(세계)에게 봉사케 하는 것이 그 대학의 교육이념이란 의미다.

이어 전공학과별 교수들이 각과별로 나뉘어 설명회를 가진 다음 교무처장이 포괄적인 설명을 했다. 그가 말하는 중 "우리 학교는 무감독 시험 치르기가 전통화 되었습니다"라고 하지 않는가. 그 말은 그 학교

만은 커닝이 없다는 자부심일 게다. 나는 그 말에 정신이 번쩍! 충격을 받을 수밖에 없었다.

커닝 없는 시험이 너무 당연한데, 왜 그 말에 충격을 받았을까? 우리 사회가 커닝에 대한 도덕적 불감증이 만연해버린 탓이리라. 요사이 매스컴에선 연일연야 수능시험 커닝문제의 보도로 이명(耳鳴)이 일고 눈이 피로할 지경이다. 수능시험장마다 동원된 감독이 철저했는데도 커닝의 방법이 고전적 수법을 넘어 조직적이고 현대화 되었다. 주로 핸드폰을 이용한 커닝, 커닝을 하기 위해 답안이 입력된 휴대폰이 550여 건이 적발되었다고 한다. 범죄조직체가 21개조이고, 82명이 커닝자로 연루되었다고 한다. 처음에는 광주의 두 고등학교 학생들이 주도적 역할을 했다고 하더니 급기야는 서울을 비롯한 5개 시,도에 확산 되고, 대리시험을 치러진 일까지 탄로 나고 있다. 그런 일이 금년뿐 아니라 2, 3년 전부터 있어 왔다니 우리 청소년 교육의 현주소가 암담할 뿐이다.

지방에 사는 외손녀가 수능시험에 응시하고 대학 입학준비에 골몰하고 있다. 거리상 본인이 그곳에 참석하기 어려워서 내가 대신 그 설명회에 참석했다.

그 대학의 총장은 미국에서도 인정받는 학자로서 우리나라 창조과학회 회장을 역임했을 뿐 아니라 초대 총장으로 부임하여 인재를 양성하기 위한 열심이 누구보다 많았고 국제적인 수준급의 대학생을 배출하지 않으면 성이 안차는 분으로 대학가에선 이미 각인되었다. 나 역시 그 분은 무엇보다 학문과 신앙이 통합된 인성교육에 몰두하고 있는 분으로 알고 있다.

그 대학은 1995년에 개교한 짧은 역사임에도 불구하고 현재 그 학교 졸업생이 P대학 다음으로 취업률이 높고, 앞으로 그 대학 졸업생 취업률이 으뜸이 될 전망이다. 그런 신념에서 학문연구를 시키는 대학이기에 일단 입학만 되면 그 대학 학생은 즐거움으로 공부하고픈 엔진(engine)이 생긴다는 것이다.

미숀 스쿨이 아닌 학교인데도 무감독 시험의 패턴이 유지된다는 말을 들었을 때 놀란 것은 물론 아이러니컬한 생각이 스쳐갔다. 왜냐 하면 가장 정직해야 할 어느 신학대학의 학생회에서 '예수님의 이름을 걸고 커닝을 절대 하지 않겠다'는 서명운동과 양심볼펜까지 나눠줬다는 지나간 이야기가 생각났기 때문이다. 대학 사회마저도 그만치 커닝에 대한 도덕불감증이 만연했다.

커닝을 하고 안하고는 어떠한 가치관을 가지고 사느냐에 따라서 결정된다고 생각한다. 학창 생활은 시험 치는 연속생활이라 할 수 있을 것이다. 내 학창시절은 아무 부담 없고 부끄럼 없는 시험시절이었다고 생각한다. 결코 커닝이 필요 없을 만치 수재였다는 말이 아니다. 비록 성적은 수준급이 못 되었지만 새(鳥)나 쥐(鼠)까지도 '필자가 커닝 없는 시험을 치르더라'고 증명해줄 것 같기 때문이다.

사람이 고등동물이라지만 망아지처럼 놔먹이면 창조주로부터 지음받은 인격이 망가지기도 하고 성장이 멈추어버리기도 할 것이다. 그 일을 만회하는 대안이 교육이 아니겠는가. 사람됨에 있어서 인격이란 외형적 품격이라기보다는 다분히 정신적인 격(格)을 가리킬 것이다. 따라서 정신세계에선 양심이 주격(主格)이다. 양심이 맑은 사람은 커닝을 하지 않는다. 커닝으로 대학 합격하고 그 연장선상에서 4년 동안 커닝하면서 명문대학 졸업하여 사회 각 분야에서 정치가나 기업가 등 지도자가 된다고 가정해보자. 그 사회가 행복하고 투명하겠는가? 우리가 지켜본 바, 해방 후 50년 동안 우리나라 역사에 먹칠을 하고 국민을 울려왔던 지도자들은 모두 그들의 학창 생활 동안 커닝해서 언필칭 성공한 사람들이라고 단언하면 무리일까.

12월 13일 현재 경찰조사 마무리, 수능 부정행위로 시험이 무효 처리되는 수험생이 314명이란다.

대리시험을 치르게 한 그 사람은 자기 인생을 타인에게 맡겨버린 꼴이 아닌가. 그런 짓을 이미 눈치 채고도 입학 당락의 이해관계로 묵인한 학부형과 교사가 있었다니 이 부도덕의 소치가 어찌 학생들 책임뿐이겠는가.

이렇게 폐허가 된 우리의 교육현실에서 한숨만 쉬고 있을 때가 아니다.

역사상 유례가 없는 학생들에 의한 조직적인 부정행위를 차단하기 위해서 각종 시험장마다 전파탐지기나 금속차단기 설치 운운하는데 그런 일은 소극적인, 소 잃고 외양간 고치기 발상이라 여겨진다. 이젠 '교육 그 자체의 문제라' 는 접근방식을 취해야 하지 않을까. 시험 감독관이 없어도 커닝이 근절되는 교육정책 말이다.

양심 지키기 위한 도덕교육부터 실시해야 될 듯싶다. 그러기 위해선 점수 따기 위주의 교육보다는 우리 청소년들이 사람 되게 하는 인성교육부터 앞세워야 될 것 같다. 금번 일을 기회 삼아서 선다형 위주의 객관식 수능 방법보다는 대학입학은 대학에 위임해버리는 것이 타당하지 않을까. 무엇보다 양심을 지키는 커닝 없는 풍토를 만들기 위해선 HD 대학처럼 종교적 신앙 위에 학문연구를 하게 하는 방법이 가장 현명한 방법일 성싶다. (2005년)

K 화백의 명암

5월 어느 날, N교회 효도관광길에서 귀가하던 중 버스가 충북 청원군 내수읍 형동리를 향해 달린다. K 화백(1914~2001년)이 숨쉬던 집을 견학할 예정인 것이다.

봄날인데도 가을인양 하늘이 드높다. 그 하늘을 차일 삼아 기지개를 켜는 일행들의 사위에 자그마한 산들이 옥죄이는 듯싶다. 산 아래 옹기종기 마을들이 두레마을처럼 고즈넉이 엎드려있다. 무어라 해도 그 골짜기는 고(故) K 화백의 전유공간이라고 해야 옳을 것 같다. 시야에 5월을 구가하는 산야, 아기자기한 조림목과 정원수들로 어우러져 길손들이 그냥 지나칠 수 없는 단아한 곳이었다. 효도관광 인솔자로서 그 관광의 진수를 만난 듯 만족스러웠다. 나는 '젊은 세대들이 오면 유료관람의 값어치가 충분하다'고 N 장로에게 선동적인 한 마디를 했다.

그때까지 K 화백은 청각장애인으로 거목의 화백이었다는 것만 알았지 오늘처럼 구체적으로 그를 탐지 할 기회가 전혀 없었다.

산새들의 지저귐이 간헐적으로 자연의 침묵을 흔들 뿐 모두가 정적의 풍세(風勢)다. 그곳에 K 화백 미술관, 그의 저택, 갤러리, 도예교실, 그의 묘지가 자리 잡고 있었다. 화랑(갤러리)에는 그 작품들이 수없이 많았는데 작품마다 200~300만 원의 정가가 부착되어 있었고, 각종 도예품목에도 그의 그림과 달필이 새겨져 있었다. 무엇보다도 그 저택이 위용을 뽐내는데 동양식 기와지붕은 그의 기상을 웅변하고 있었다. 미술관에 전시된 수많은 작품들은 현대 한국미술에 있어서 그의 비범함을 말해주었다.

나는 귀가해서 그에 대한 기록을 더 찾아봤다. 그런데 지금까지 느껴왔던 밝은 면이 어느 정도 어두운 면으로 희석되어갔다.

범인이야 초야에 묻혀버리면 별일이 아니지만 비범하게 성공한 사람의 이면에는 나라와 국민에 대한 절개(節槪)를 지키지 못했다면 그냥 지나칠 수 없는 것이리라.

나는 초등학교 4학년에 해방을 맞이했다. 그때까지 신사참배를 열심히 했고, 작은 체구지만 그들이 시키는 대로 전쟁준비에 부역을 많이 한 똘마니였다. 무식했던 산골 부모님의 슬하에서 시사(時事)에 대한 정보를 거의 들을 수 없었고, 친일파 선생 밑에서 대한민국의 존재, 일인 식민정책, 우리 열사들이 한 독립운동 등의 정보를 듣지 못해서 부화뇌동(附和雷同)을 했다. 그게 핑계가 될지 모르나 나는 대한민국 국민의 넋을 잃고 살아온 것에 대해 깊이 후회하고 반성해 마지않는다.

그 화백의 이야기 중 출생 환경과 그의 밝은 면을 먼저 이야기해보자.

그는 1914년에 서울 종로구 운니동 부유한 집에서 태어났다. 7세

때 장티푸스로 인한 고열로 후천성 귀머거리가 됐다. 그래서 그는 승동보통학교 밖에 정규 공부를 하지 못했다. 그러면서도 천성적인 그 예술성을 발견하고 예의 적절하게 대처한 그의 어머니의 지혜, 자신의 투혼으로 청각장애를 극복한 정열, 30대 초반에 미술학도인 박래현과의 결혼으로 인하여 한국현대미술의 미스터리를 일구어낸 일은 시각, 청각 장애인이었던 헬렌 켈러와 농아였던 베토벤과 트리오로 여겨도 좋을 성싶다.

그분의 화단 세계는 정말 화려했다. 그는「청록산수」,「바보산수」등의 영역에서「정정」,「군마도」등의 2만여 점의 작품을 남겼다. 그의 연보에 나타난 것을 보면 1931년, 조선예술전람회에서「판상도무(널뛰는 그림)」로 입선하면서 수많은 작품을 남겼다. 그래서 총독부 상을 비롯하여 헤아릴 수 없는 수상(受賞), 훈장은 어느 누구에 비길 수 없으리라! 뿐만 아니라 그는 홍익대, 수도여자사범대(세종대의 전신) 교수로 역임했다는 것은 보통학교 밖에 졸업을 못한 사람으로 미스터리가 아니고 무엇이랴!

그는 화단과 사회활동도 어느 누구 못지않게 했다. 한국미술가협회 회장을 비롯하여 국제적으로까지 사령탑의 많은 직함을 가지고 활동했다. 한국농아복지회 창립과 그 초대회장, 세계농아연맹 문화예술분과 위원장 등을 역임한 것을 보면 그는 박애정신도 두드러짐을 알 수 있다.

그의 화려한 이력은 지면상 이 정도로 줄이고 그의 생애의 아쉬운 면을 이야기하고자 한다.

우리 주위에서는 어떤 일에 있어서 첫 단추를 잘못 끼웠다는 말을 흔히 듣는다. K 화백의 생애가 그렇다.

그는 그의 어머니에 의해서 보통학교를 졸업하자마자 친일화가였던 이당 김은호에게서 사사하면서 화풍뿐만이 아니라 친일행각까지 물려받게 되었다고 반민족문제연구위원은 말했다.

그의 출품작들은 대부분 향토적 내용에 장식적인 색채 감각 등을 살리는 데 있어서 일본 심사위원들의 요구에 충실했고, 일제 군국주의를 찬양 고무하기 위한 선전 작업에 앞장섰다고 기록되어 있다. 그 실례들은 그 당시 신문, 잡지류의 대중매체에 실린 삽화를 인용해 거론되었다.

그는 해방이 되자 '범인인 자기로서는 환경의 지배를 안 받을 수 없어서 그렇게 친일적 화풍을 그릴 수밖에 없었다.' 라는 말을 했다. 어떤 사람들은 그 지론을 반성보다는 변명으로 받아드리고 있는 것 같다. 해방 후에 그의 미술 작업과 사회활동, 화단정치에서도 반성하는 태도를 볼 수 없었다고 아쉬워했다. 그리고 일본식 화풍에서 변모를 많이 하고는 있지만 그것도 역시 서구식 미술에만 기대어 자기회화를 구축해내는 것으로 이해되고 있다.

그가 친일적 화가가 된 것은 청각장애인으로서 독립투사처럼 현실을 극복하기 어려운 심리적 요인이 있었기 때문이지 않느냐는 동정심도 생긴다. 그러나 장년(長年)의 지각을 가졌고, 그 당시 나라의 불운한 상황도 알만한 서울 시민 장애인임을 빙자해서 오히려 식민정책과 대항되는 친 동포적인 그림을 그릴 수 있었지 않겠느냐는 억하심정도 인다. 해방 후에마저 동포들이 공감하는 화풍을 자아내지 않았다는 것도 일면 아쉬움이다.

그런 분이지만 그분은 두 대학에 기용되어 학생을 가르쳤다. 그런 일이 어찌 미술계뿐이랴. 자유당 시절에는 정치인과 기성공무원이 부족하다고 해서 친일파들을 여과 없이 정계에 우뚝 세워서 큰소리를 치게 했다. 우리 근대사는 그때부터 친일파들의 잔재파장(殘在波長)으로 얼룩져왔다. 날마다 부르짖는 정치, 경제, 사회 개혁을 제창하나 말뿐인 것은 애당초 친일파를 숙청 못하고 오히려 득세시킨 데서 근간이 되었다고 생각한다.

앞으로 비범한 인생 흔적을 남기고자 하는 사람은 K 화백의 지난 길을 거울로 삼을 필요가 있을 것이다. 그분의 약점은 잘못된 역사의 거품에서 나타난 것으로 간주하고, 장애인으로서 어려움을 극복하고, 타고난 소질을 극대화시킨 K 화백의 정신만은 장애, 비장애인을 막론하고 마음에 새겨둘 일로 생각된다. (2006년)

하드웨어의 삶과 소프트웨어의 삶

현대 정보사회를 살고 있는 우리는 컴퓨터이야기를 할 때 하드웨어(Hardware)와 소프트웨어(Software)라는 용어를 빼놓을 수 없을 것이다. 그 두 가지는 불가분의 관계여서 어느 것 하나 경중을 이야기할 수도 없다고 여겨진다.

알기 쉽게 말하면 하드웨어는 컴퓨터 '기계장치의 총칭'으로 몸통부분의 기본이고, 소프트웨어는 '컴퓨터 시스템의 작동과 관련된 모든 프로그램과 데이터의 복합체 혹은 프로그램과 그 작동방법(사전풀이)'으로 하드웨어를 이용한 사람의 사고를 나타내는 기술이라 생각해보면 어떨까.

나는 사람의 태생적인 육체구조와 가시적 환경을 하드웨어 쪽으로 인간의 정신세계에서 말하는 가치관과 생각에 따라서 불행이 행복으로 승화되기도 하고 혹은 그 반대로 되기도 하는 작용을 소프트웨어 쪽으로 생각하고 싶다.

『수필문학』 편집부에서 「내 삶의 행복과 불행」의 공동제 수필 주제를 설정하면서 '진정 인간의 삶의 가치와 이유를 심각하게 추구하는 깊은 고뇌와 사색 속의 행복을 작은 일에서 찾아 형상화시켜 달라'고 주문한 바에 따라서 보잘 것 없는 나의 삶의 편린들을 이야기할 수밖에 없다.

굳이 주제를 말하라면 이 글의 행간을 통해서 사람은 누구나 불행을 행복으로 승화시킬 수 있도록 가치관을 가져야 한다고 제창하고 싶은 것이다. 다시 말하면 하드웨어적인 인간의 삶에 소프트웨어적인 삶이 있을 때에 행복이 있을 수 있다는 말이리라.

나의 건강에 대해서 생각해보련다. 나는 성장하는 과정에 영양섭취를 제대로 못한 사람이다. 일제강점기 시대는 거의가 가난했다. 그중에도 우리 부모님은 논, 밭 한 마지기 없는 가난뱅이였으니 어릴 적 내가 배 곯았을 것은 불문가지이다. 또 내가 청소년 시절에 고학한다며 남대문 시장에서 30원짜리 떡국을 점심으로 때우고 지내왔던 일을 생각하면 아찔한데 지금까지 건강에 무리가 안 생긴 것은 행복중의 행복이다. 처가 작년에 3기의 대장암 수술을 했으나 건강을 되찾은 걸 생각할 때에 역시 복합적인 행복이다.

승리감에 도취된 일도 있었다. 젊은 시절 장사를 한 적이 있었다. 한참 부(富)가 축적되는가 싶었는데 악덕 시장 사기한에게 걸려 10여년을 민사, 형사재판을 했었다. 그 소송은 상인 전체의(사기 당한) 임대보증금을 확보하는 일이어서 개인적인 재판이 아니고, 전 상인의 대표로 멍에를 맨 것이다. 정의는 승리한다는 신념으로 싸운 결과 승리했고, 그 일과 연루된 수도불통 사건에서도 1년 징역에 집행유예 2년형을 받게 됐지만 대법원에서 무죄 판결을 받은 쾌거도 맛봤다.

나는 가정의 행복을 자랑하고 싶은 사람이다. 6·25로 인한 인공시절, 어느 처녀의 가족이 빨치산에게 전원 희생당했다. 물론 재산마저 없어졌다. 그런데 그 처녀가 나와 인연이 된 것이다. 그러나 물질 문제나 가문에 대한 문제로 큰소리 한 번 해 본적이 없다. 슬하에 삼 남매를 두었다. 그들이 교육받을 때 누구나 다 보내는 학원에 한 번도 보낼 형편이 못 되어 그들에게 미안할 따름이었다. 그러나 입시시험에 낙제해 본 일이 없었고, 고등교육도 잘 마쳤다. 그리고 알맞은 직장에 근무하는 일을 생각하면 속 썩히지 않는 자식을 둔 것이 유일한 나의 행복이었다.

내 자신의 기본을 생각하면 불행의 늪에서 헤어날 수 없을 것이다. 출생부터가 너무 가난한 산골에서 태어났다. 우리 가문은 할아버님께서 한문서당 훈장을 하셨다는 것 외에 별 볼일 없었다. 아버님은 신학문은커녕 한문마저도 못 배우셨다. 그런데다가 나는 부모복도 못 타고 나서 14세에 고아가 되었다. 그런 환경과 가난 때문에 결국 나는 대학도 중퇴하고 말았다. 그러나 인간은 죽는 날까지 학생이라는 관념을 버리지 않아야 한다고 생각했다. 평소에 독서를 좋아하고, 글을 쓰고 싶은 욕망이 불같았다. 그 열망으로 두 권 「행운아의 에피소드」, 「상대 없는 꿈 이야기」의 수필집을 출간했고, 금년 1월에 소설 (「울먹이네와 프린세스」)부문으로 순수문학에서 등단을 했다. 그래서 이제는 대학 못 마친 징크스에서 해방됐다.

소년 시절에 고아가 되었기에 그 후에 환경을 잘 못 만났다면 성격이 삐뚤어졌을 것이다. 고아가 될 무렵부터 교회를 출석했고, 7년 간 점원생활을 하는 동안 그 집이 내 집 환경보다 좋아서 좋은 성격을 지니게 된 것이리라.

가장 행복하게 생각하는 것은 인간의 본연의 가치관을 지니고 산다는 사실이다. 가치관에 따라서 불행이 행복으로 여겨질 수 있고, 그와 반대일 수도 있겠기에 말이다. 나는 14세에 예수 그리스도를 나의 구주로 영접했다. 만약 오늘 밤 내가 죽는다 할지라도 천국 갈 확신을 가지고 숨 쉬는 사람이다.

이러한 가치관을 늘 마음에 지녀왔기 때문에 어떠한 걱정거리라 하더라도 하등 문제가 안 되고, 무슨 일에든지 긍정적으로만 생각하는 버릇이 생긴 것이다. 이 세상 모든 행복 조건을 다 가졌다 할지라도 내가 하나님을 안 믿었으면 가장 불행한 자요, 설령 이 세상의 모든 것을 다 잃었다 해도 내가 신앙을 가지고 있는 한 행복한 자라고 자신을 평가한다.

내 행복의 모든 것들은 내 자신이 타고 난 것도 아니요, 내 노력으로 된 것은 더더욱 아니다. 하나님이 축복으로 주신 거라고 여긴다. 내 삶에 있어서 먼저 하드웨어 쪽을 하나님이 주셨다. 다음, 하나님께서 그 하드웨어에 행복의 소프트 작업을 하도록 지혜와 신앙의 여건을 부여해 주신 것이다. 지금까지의 지나온 세월의 흔적을 봐서 혹시 또 어떤 불행이 온다 할지라도 새옹지마의 앞날만을 생각할 것이다.

(2003년 『수필문학』)

생사기로(生死岐路)에 대한 소고(小考)

달리는 승용차 안에서 오디오 스위치 버튼을 눌렀다.

속보로 들려오는 말, "B 전남도지사가 금일 오후 1시, 반포대교 중간지점에서 한강에 투신자살했습니다!" 라는 보도였다. 63세, 고위층 공직자로선 한참 일할 청춘이랄 수 있는 나이인데….

근자에 크나큰 별들이 떨어지는 거와 같은 충격을 자주 받아서 그런 보도에도 면역이 생겼지만 B 지사의 죽음만은 내게 남다른 충격이었다. 아마도 그가 사위(女壻)의 상사(上司)여서일까.

그는 14대 국회의원, 산업자원부장관을 거쳐 국민건강보험공단 초대 이사장직을 역임하던 중 전라남도 민선도지사로 당선되어 재직 중이었다. 직장생활의 초기에 그는 교보생명 과장으로 입사한지 2년 만에 이사로 승진하며 교보의 자산을 100배로 키워낸 주인공이었다. 도지사 시절엔 전남경제를 살려내는 인물로 지상에 소개되기도 했다. 그는 그렇게 자기 책무에서 진취적으로 일해 왔다. 그런데 건강보험회사이사장 재직 시, 뇌물 상납, 지사시절 인사 청탁과 관련 뇌물 수수혐의로 수사를 받고 있던 중에 그런 충격을 가져왔다.

오후 2시경, 병원에서 남편의 시신을 확인한 L 여사, 그는 그 자리에서 실신해 결국 병원으로 실려 나갔다고 한다.

국민적 비극이 너무도 자주 생기고 있다. 작년 8월, 현대아산의 J회장을 시작으로 A 부산시장, N 대우건설사장, K 광주대 이사장 등이 스스로 소중한 목숨을 끊었다. 그 가족과 관련단체에선 누구보다 더 단장(斷腸)의 아픔을 느꼈을 것이다.

성공했다는 인사들이 그렇게 되기까지는 검, 경에서 신문(訊問)받을 때나 재판과정에서 모멸감과 수치심을 느껴 자살이 명예롭지 않겠느냐고 생각되기 쉽다는 것이다.

또 신경정신과 우종민 교수는 혼자 단안을 내려야 하는 최고 기관장으로 있는 인사들이 보통사람처럼 쉽게 불만을 터뜨릴 수도, 사표를 내던질 수도 없는 위치에 있기 때문에 막다른 골목을 만나면 모든 것이 무너졌다'는 생각으로 자살을 택할 수밖에 없다고 말했다.

자살에 있어서 역사적으로도 비근한 예가 있다. 20세기 대문호 헤밍웨이는 심한 우울증에 시달렸고, 독재군주 니콜라이 2세는 그 시대의 변화를 알아차리지 못한 결과 자살했다고 한다.

죽은 사람은 말이 없지만 그런 죽음에 대해서 갖가지 추측들을 하기 마련이다. B지사의 자살은 좁혀오는 검찰 수사의 압박감, 부하직원(보험공단)으로부터 당한 배신감, 최근 겪은 정치적 소외감 때문이라는 것이다.

그는 17대 총선을 앞둔 시점에 민주당에서 열린 우리당으로 당적을 옮겼다. 그래서 전라남도 선거대책위원회 해단 식에서 축사까지 했다고 한다. 그러나 B 지사의 열린우리당 입당은 중앙위원회 최종결정이 없어서 보류상태라고 발표되었다. 그런 형편에 그가 검찰에 소환되기 시작했다.

자살의 선택을 모면할 길은 없었을까! 가장 측근에 배우자가 있고, 자식이 있는데…. 그가 수장으로 있던 구성원과 사회의 격앙된 파장은 어떻게 하라고! 명예가 생명보다 귀한 것이었을까! 창조자이신 신 앞에서 죽음에 대한 성찰을 한 번만 더 했더라면 얼마나 다행이었을까!

나는 해방이 되던 해, 열네 살에 어머님을 여위고 고아가 되었다. 재산이 한 푼도 없어 끼니마저 걱정해야 하는 상태에서 자급자족하지 않으면 공부도 계속할 형편이 못 되었다. 거기다가 한 살 된 장기이질환자(長期痢疾患者)인 어린 동생이 딸려 있었다. 그가 밤마다 엄마를 찾으며 온 동네의 정적을 흔들어 대는데 너무 애절했다.

땔감준비로 산 속 깊이 들어가는 날은 나도 어머니가 보고 싶어서 견딜 수가 없었다. 고독한 자는 사람을 많이 만나야 한다는데 오히려 한적한 곳을 좋아하는 습성이 생겼다. '나도 어머니 따라서 죽어버리는 것이 최 상책' 이라는 생각이 일기 시작했다. 그런 정황을 자주 갖다 보니, 이래서 사람이 자살하는 것이 아닌가 싶어 공포가 생겼다. 그때 '남을 죽이는 것만이 살인이 아니라 자살도 살인입니다'라는 J목사의 설교말씀이 떠올랐다. 동생마저 죽은 후여서 환경을 바꾸는 것만이 자살을 면하는 한 방법이라 여겨 도시(광주)의 인파 속으로 삶의 터전을 옮겨버렸다.

자살은 몇 가지 유형이 있다. 대동아 전쟁시, 일본의 삼용사(三勇士)나 구용사(九勇士)가 폭탄을 장진하고 적진에 비행 투하하는 등의 자폭, WTO 각료회의 때, 농산물 개방 협상반대를 외치면서 회의장으로 진입을 시도하던 중 자살한 한국농업경영인 중앙연합회장 L 씨나 근로자의 생존권을 위해서 분신한 의분의 자살, 법적 사형을 면할 수 있었음에도 불구하고 오로지 자기의 철학적 신념에 의해서 사형을 선택한 소크라테스의 죽음 등을 열거할 수 있겠다.

문명의 발전으로 살기 좋은 세상이 되었다고 하는데 사회는 점점 다원화되어 살기가 복잡해졌다. 따라서 자살건수도 해가 갈수록 증폭되고 있다.

프랑스 파리에 있는 에펠탑은 자살자의 탑으로 불린다는데 그 탑을 건립한 후 2004년 4월 현재까지 379명이 그 탑에서 투신자살했다고 한다. 한강다리에서 투신자살하는 사람도 상상외로 많다. 이촌동 초소(哨所)가 담당하는 다리에서 만도 올 들어 현재까지 34명에 달해 한 해 투신자 수가 100명을 넘을 것으로 보고 있다. 2000년도 우리나라의 경우 하루 평균 17.7명이 자살하고 연간 6,460명이 자살하므로 자살이 우리 사회에 먹구름으로 드리워지고 있는 실정이다.

자살이란 물론 명복을 예약 받고 가는 선택이 아니라 막다른 미궁에서의 자기포기이다. 그렇게 하므로 자기 문제는 해결될 것 같지만, 현실은 남아있는 가족의 고통이요, 사회엔 통탄의 이슈를 남길 뿐이다.

평소에 인생문제에 있어서 이웃이나 상담자와 상담하는 습관을 갖는 것이 삶의 지혜가 아닐까? 상담자의 지혜는 극단적 악몽의 문제를 해결하는 지혜를 가지고 있다고 생각되기 때문이다.

흔히 죽을 용기가 있으면 그 용기로 '살아 달라'고 말한다. 그런데 그 일이 어찌 쉬운 일이랴! 백척간두의 상황에 이르렀을 때 한 번만 더 자기 인생을 진지하게 관조해 보면 어떨까.

이 세상에서 가장 귀한 것은 물론 생명이다. 그러나 성공했다는 사람들이 생명보다 명예를 우선하다가 자기 제어를 못하는 것이 아닌가. 설령 혐의사실이 범법으로 인정되어 형을 받는 한이 있더라도 살기 위해서(가족을 위해서 혹은 본인의 미래적 재기를 위해서) 살고 보아야 한다고 생각한다.

신이 준 생명을 감히 죽일 수 있을까? 인생은 신의 섭리아래 살아가는 선별된 피조물이란 생각을 가져야 자살의 우를 면할 수 있다고 생각하는 것이다.

모쪼록 B지사의 유족들이 현실을 극복하도록 하나님의 가호가 있기를 빈다. (2004년 4월)

저작품 증정(著作品 贈呈)의 명암(明暗)

이른 아침에 생소한 분(P교회 U 목사)으로부터 바리톤 음성의 전화를 받았다. 예상외의 일이면서 기분 좋은 전화였다. 우선 수인사를 나눈 다음, 그는 "주신 편지 잘 보았고, 보내주신 『한국교회에 긴급 제언합니다』의 책 잘 읽었습니다. 그렇게 애국적이고 신앙적인 글을 써주셔서 감사합니다. 보내주신다는 책 300권을 인수하겠습니다. 그런데 무상이라고 하셨지만 대금을 지불하겠습니다." 라고 하지 않는가. 너무 기대 이상의 반향(反響)이요. 저작활동 하던 중 가장 보람된 날이었다.

그 책을 100여일 전에 출간하여 판매 또는 증정을 했으나 아직 300권 정도가 남아 있었다. 내용상 그 글은 지금 읽어야 시의적절하기에 어떤 방법으로든지 독자에게 시집보내야 하는 강박관념에 처해있던 차에 크리스천인 J 박사가 P교회에서 안보강연을 했는데 대성황을 이루었다는 정보를 입수했다. 내 글도 그 교회에 일맥상통하겠다 싶어 U 목사에게 증정본을 보내면서 '검토해보시고 교우들에게 읽힐만한 책이라고 판단되어 주문만 하시면 300권을 무상으로 보내드리겠습니다.' 라는 편지도 동봉했다. 그 반향이 생각보다 빠르게 곡진했다.

그 책은 뜻이 있는 목사라면 개요만 보아도 교인들의 필독서로 권장할만한 것 같아서 대형교회 목사들에게 증정본을 보냈으나 P교회 이외는 그 책을 받았다는 연락마저 없었다. 또 굴지 일간지의 편집진과 문화부에도 증정본을 보내면서 '글의 배경은 교회이지만 주제는 성경이야기나 전도이야기가 아니고 현하 대한민국 정체(자유민주주의와 시장경제)수호' 라는 설명서도 곁들였다. 그중 어느 기자의 반응은 "당신 목사님이지요? 그 거 설교집 아닙니까?" 그 말뿐 책은 개요도 안 본 것 같아서 실망했다.

책을 받으면 아무리 바빠도 우선 머리말이나 핵심부분 한 곳 만이라도 읽어보는 것이 증정한 사람에 대한 예의가 아닐까. 그리고 가부간 평을 해주는 것이 도리가 아닐까. 그런 면에서 P교회 U 목사는 저자에 대한 예의를 갖춘 분으로서 '신앙적인 측면에서 애국하는 것이 어떤 것인가' 하는 것을 교인들에게 가르치려는 목사라고 여겨졌다.

나라가 너무 어지럽다. 팔삭둥이 같은 통치자의 치하에서 고생하는 국민들이 너무 안타깝다. 글을 쓰는 사람으로서 어떻게 하면 '대한민국 정체수호에 도움이 될까.' 라는 생각 끝에 『먹구름이 걷힐 날』이란 장편 소설을 써 놓았다. 그러나 출판비용도 문제이고, 나 같은 무명인사의 글이 요즘 같은 세상에 기대한 만치 팔릴 것 같지 않아서 출판을 포기했다.

그러던 차 불현듯 4700만 인구 중에 1/4이란 기독교 인구가 이전에 깨여 있었더라면 나라를 적화국면으로 치닫게 하는 국민정부와 참여정부의 등장을 막을 수 있었지 않았을까? 그렇다면 2007년도 대선에서만은 기독교인만이라도 안보정신으로 뭉쳐서 투표하도록 교인들을 가르쳐야 하지 않을까 싶어서 그 책을 칼럼 식으로 쓴 것이다. 그러니까 출판 포기한 그 소설은 현하 사회를 배경으로 쓴 반면, 그 칼럼은 교회를 배경으로 해서 소설부분을 압축해서 칼럼화한 것이다.

그러기에 그 글은 주제에 초점을 맞추어 읽으면 신, 불신 간에 누가 읽어도 진부하지 않을 것이다. 그러나 일단은 교인들만을 독자로 삼았다.

책이 나가기 시작한 후 여러 채널로 독후감이 답지되었다.

독자들 거의가 "체증이 가시게 한 글이었다. 혹여 저자가 다치지나 않을까 겁이 납니다. 우리가 죽으면 이런 사실을 후대에 알려줄 수가 없어 염려됩니다. 우선 교인들에게 계몽을 해주셔서 감사합니다." 라는 전갈이었다. 우리나라에서 유일무이한 J 언론인은 두 개의 인터넷 사이트에 그 책을 구체적으로 소개한 바도 있다. 뿐만 아니라 수많은 분으로부터 격려금이 보내왔는가 하면, 어떤 분은 책 한권 받고도 50권 값의 격려금을 보내주기도 했다.

지금까지 수필집 두 권, 소설집 한 권과 칼럼집 한 권을 판매 또는 증정하고 그 반향들을 경험했다. 증정본을 받은 분 중에 어떤 분은 전화 또는 e-mail과 편지로 독후감을 보내왔다. 그 중 어떤 분들은 흥미진진하게 2, 3페이지의 독후감을 보내 주어 정말 인상 깊었다. 그런 분들과는 언제 만나도 손 한 번 더 잡아보고 싶었다. 반면 게 중에는 아무 반응이 없는 분도 적지 않았다.

저작 활동하는 사람에게는 누구나 수많은 책들이 밀려들 것이다. 나에게도 동료들의 문학지를 비롯하여 월간, 계간문학지, 시사월간지 등이 매일이다시피 우편함을 채운다. 그것을 다 읽는다는 것은 한계가 있다. 그 가운데 배울 게 많은 책은 구두점까지 다 읽는다. 그리고 어떤 책이든 머리말(또는 책머리에)과 책 중에 핵심이 되는 제목의 글 5편 이상은 꼭 읽는다. 그 중에서 문학적 고찰을 하고 공감되는 부분을 꼭 e-mail 등의 방법으로 독후감을 전했다. 다 읽지 못해서 미안한 마음과 함께.

글은 저자의 사상적 표현이다. 저자는 자기의 사상을 독자도 공유하기를 원한다. 그리고 그 사상이 도미노현상이 되기를 원한다. 그런데 책을 받은 사람이 반응을 안 해주면 저자는 맥이 빠진다.

고이기만 한 물은 썩기 마련이다. 지식도 마찬가지라면 과장일까. 그래서 축적된 지식을 자주 퍼내야 한다. 그리고 독자는 그 출판물을 열심히 읽어 소화해야 한다. 그래서 공감된 부분은 저자에게 반응을 해주어야 한다. 핑퐁식으로 지식사회가 살아 움직이면 세상이 밝아지고 개화되어 행복해질 것이다.

오늘 같은 영상매체, 감성시대에 저작하는 사람에게 용기를 주려면 읽은 바대로 저자에게 반향의 신호 보내는 것을 의무처럼 여기라고 강조하고 싶다.

통장정리 버튼을 눌러보니 내가 제안한 금액(처음은 무상으로 주려 했지만 호의를 무시할 수 없어서 정가의 50%제안)이 아니고 정가대로 300권 값이 고스란히 입금되었다. 나는 감격하여 익일 주일, 그 교회 2부 예배에 참석하고 감사헌금도 했다. 초면인 U 목사를 만날 수 있었다.

한국교회 목사들이 모두 그 목사와 같이 애국의 글에 반향을 일으켜 준다면 2007년도 대선에는 국민이 기대했던 순수한 우경화 정권이 들어설 것만 같다. (2006년)

세상을 겨눈 킬러

2007년 4월 16일(미국 날짜)오전, 충격적인 TV방송에 미국과 한국은 아연실색할 수밖에 없었다. 그 기사는 미국 버지니아공대에서 한국계 조승희라는 교포 대학생이 동문 32명을 총기난사 했을 뿐 아니라 15명 이상의 부상자를 낸 다음 본인도 자살해버렸다는 것이다.

그 킬러가 한국 교포라는 보도에 지구의 어디로든 숨어버리고 싶은 심정이었다. 또 그런 흉악범이 불륜(不倫)적 한국인이었기 때문에 동포인 우리는 세계 도처에서 살의적 주목을 받게 되었다. 또한 그로 인해서 재미 한인과 유학생들은 보복테러를 당하지 않겠느냐며 공포에 떨기도 했다.

세계를 경악시킨 킬러사건을 들으면서 무엇보다 인성교육이 먼저이고 그런 면에 투자를 해야 하는 필요성이 절실해졌으며 이민하는 것까지라도 인성교육에 초점을 맞추어야 할 결론에 도달한 것 같다.

조승희의 말과 행동을 듣고 본 사람들은 '그는 자기만의 세계에 빠져 불만, 외로움, 좌절, 복수심이 누적되어 자기의 불행을 사회 탓으로 여기고, 폭발하는 망상적 정신병자'라고 말했고, 동료학생들 중에는 그가 스토킹 대상자라고도 했다. 그렇게 되어버린 성격은 이미 정신질환이 되었다는 게 아닐까. 그의 메모에서 부자들과 허풍쟁이들과 주변 사람들에게 대한 적개심이 발견되었다고 한다. 그는 정신질환의 치료 경력이 있다고 했다. 그 끔찍한 살인사건을 저지른 자가 정신질환자였다고만 단순화하는 이면에는 그에게 면죄부를 줄 수도 있다는 말이다. 십분 정신질환자라고 이해하더라도 그는 선천적 정신질환자가 아니라 후천적 정신질환자였다. 후천적 정신질환자가 안 되게 하는 것은 부모를 비롯한 주변의 교육환경의 몫이다. 그렇기에 그 사건의 원천적 책임소재는 부모를 비롯한 교육 당국과 사회에 있다는 말이다.

조승희는 초등학교 3학년 때 부모와 함께 미국으로 이민해 영주권을 얻었다고 한다. 그의 아버지는 이민을 가기 전 서울 도봉구 창동에 있는 다가구 주택에서 세입자 생활을 했다고 한다. 그렇게 그 가정은 이민 갈 여건이 안 된 상태에서 무모한 이민을 했기 때문에 그의 부모는 아들인 조승희의 교육적 후견인이 되어주지 못한 것 같다. 그러니 아버지 따라 어릴 때 이민한 조승희는 미국에서도 이 세상에 대학 못 간 사람이 더 많다는 것을 몰랐고, 문화적 소양과 매너가 갖추어질 리가 없었다. 그는 자기와 사귀다 헤어진 여자친구를 찾다가 범행을 저질렀다고 말하는 사람도 있다.

우리 부모들은 자녀들을 미국 학교에만 보내면 저절로 교육이 되는 줄 알고 70년대부터 자녀의 교육을 위해서 본격적인 이민을 하지 않았나 싶다. 본국에서 학부출신으로 갔으면서도 그곳에선 대부분 하류 직업인의 신세로 되는 게 비일비재였다. 어린이로 유학하는 학생은 더 심각하다. 부모와 자녀 간 접촉시간이 별로 없어 자녀들은 따로 놀고 밖으로만 돌았다. 현실을 보더라도 기러기 아빠의 자녀들은 한 쪽 부모의 교육에만 의존하는 실정이다. 즉 불완전한 가정의 교육은 인성교육이 제대로 안 된다는 말이다. 사람 만드는 교육은 가정이 첫째이고, 학교교육의 중요 시기로는 초등학교 시절일 것이다. 즉 부모와 친구와 선생으로부터 배운다는 말이다

우리나라의 교육 현실은 어떠한가. OX식 선다형 교육과 입시위주 교육의 평준화교육에만 얽매여 사람 만드는 인문교육, 더 구체적으로 말하면 도덕과 윤리 사회 역사를 배움으로 인한 인성교육의 기회를 상실했다는 것이다. 물질문명이 발전해서 살기에 편리한 것만 추구하다 보면 살인광기와 같은 살벌한 세상이 되어 마음이 편치를 못할 것이다. 공포와 가위 잠이 없는 세상이 마음 편하고 행복한 세상이 아닐까. 정신문명이 발전해서 선진화된 세상을 만나고 싶다. 배운 사람일수록 자기의 눈높이가 어느 정도인 줄 알아야 하고, 부모공경, 이웃배려, 더블어사는 인격을 가져야 하는 것이 아닌가. 그런데 우리 교육 자체에 그런 틈새가 안 보여서 안타까울 뿐이다.

미국이 금번, 희대의 살인사건을 추스르는 것을 보면서 많은 것을 배웠다. 그들은 국가와 민족주의 편견을 벗고 사는 글로벌 정신을 가르쳐 주었다. 그 범죄 사실이 집단적인 민족분쟁으로 번질까봐 그 사건을 조승희 개인범죄로 국한시키는 운동을 미국 정부는 물론 그곳 언

론계에서도 해왔다. 그리고 억울하게 죽은 32인의 추모 대열에 가해자 시신까지 포함시켰다는 사실이다. 이 게 다 선진화 된 국민이 아니겠는가. 그런 지혜는 그들의 저변에 깔린 인성적 교육이 아닐까 싶다.

우리가 교육을 못 받아 일제 식민지하에서 주권을 잃어버렸다는 한풀이식 교육을 이제는 더 안 했으면 좋겠다. 꼭 대학만 고집할 게 아니고 이 세상에는 대학 못 간 사람이 더 많다는 눈높이도 장려해야 한다고 생각한다. 자녀 교육 때문에 이국문화의 부적응을 감수해야 하고, 생계와 교육비 충당 때문에 자녀들을 외톨이로 만들면서까지 부양자가 경제활동을 하는 이민은 더 신중해야 할 것이다.

국내에서 건 국외에서 건 전인교육, 인성교육을 교육의 관건으로 삼아 살인의 광기로 변해가는 세상을 비둘기 세상처럼 평화가 넘치는 세상으로 변화시켜야 할 것이다. 종교나 교육의 목적은 가치관을 변화시키는데 있다. 조승희와 같은 가치관을 슈바이처와 같은 가치관으로 변화시킨다면 얼마나 지대한 보람이겠는가.

미국은 금번 참극을 통해서 온 지구촌에 본보기를 남겼다. 그것은 꽃다운 장래의 인재들이 약소국가의 한 망나니로부터 무고하게 희생을 당했는데 그들은 슬픔의 눈물도 닦을 겨를 없이 민족갈등이 봉합되도록 여론화 시켰다.

우리는 미국에게 또 빚을 졌다. 6·25전쟁 시 우리를 구해주어서 천추에 빚을 졌는데, 금번에 참극을 당한 피해국이면서도 가해국인 코리언에게 보복을 면하게 해준 것이다. 우리는 이렇게 빚진 나라로서 상대의 사소한 잘못쯤은 눈감아줬으면 좋겠다. 몇 년 전에 미군 장갑차에 치여 죽은 미선이 희선이 사건 때, 고의적 살인이 아니었고 외교적으로 보상을 충분히 해 줬는데도 연일연야 반미구호를 외치며 촛불시위를 한 일이 생각나 마음이 편찮다.

조승희에게 희생당한 32인의 명복을 빌며 부상당한 분들과
유족들에게 무릎 꿇고 사죄하며 위로하고 싶다.

(2004년 『문학공간』)

지하에 매몰되었던 칠레광부

텔루스(땅의 여신)도 33인의 광부를 놔줄 수밖에 없었던가보다. 그 생지옥에서 넓고 넓은 대지위로 광부들이 가슴을 내민 화면을 보는 순간, 온 지구촌이 눈물겹게 감동했다. 칠레의 산호세 광산사고의 뉴스에 원근을 망라한 지구촌의 이웃들이 얼마나 안타까워했던가. 생활환경개선에 꼭 필요한 구리(銅), 그 구리를 캐는 광산이 무너진 지 69일만에 매몰되었던 광부 전원이 구조되었다는 뉴스를 듣던 나도 운전을 멈추고, 와! 환성을 지르면서 박수를 쳤다.

그 사연 중에서 망망대해의 등대와 같은 한 사람의 이야기가 영롱한 아침 이슬 같다.

『좋은 지도자, 나쁜 지도자(Good Boss, Bad Boss)』의 저자인 밥서튼 스텐드대학교 경영학과 교수는 학술지 『사이콜로지 투데이』를 통해 33명의 켑틴인 "우르수아는 능력과 자비라는 최고의 리더가 되기 위한 자질을 모두 갖췄다" 며 그 덕목을 찬탄하였다.

사회의 작은 조직이나 국가와 같은 큰 조직 속에서 어떤 불행한 일이 생길지라도 우르수아와 같은 지도자가 있다면, 그 불행을 극복한 터 위에서 만세삼창 할 수밖에 없을 것 같다. 만약 내가 리더로서 그런 상황을 당했다고 가정했을 때 희생의 각오는 가질지 모르겠다. 그러나 우르수아와 같은 침착성과 기지가 모자라 백척간두에서 그 광부들을 살려낼 자신이 없다.

칠레의 남북의 길이는 남아프리카대륙길이의 3분의 2정도일 것 같고, 남태평양 전 해협에서 출렁이는 파도로 애무를 받는 나라, 지렁이와 같이 가늘고 긴 나라에서 발생한 이야기는 전파로 세계를 감동시켰다. 2010년 8월 5일, 구리를 캐내는 산호세 광산이 무너져 33명의 광부가 지하 700미터인 곳에 매몰되었다는 첫 뉴스에 칠레는 물론 어느 국민이건 오금을 펼 수가 업었다.

광부들 간에 약간의 갈등이 생겼지만 우르수아의 통솔로 그들은 희생과 양보의 정신이 폭넓게 번져서 전화위복의 신화를 창출해냈다. 지상에서 먹을 것을 내려 보내기 전 얼마 되지 않은 음식과 물을 형님먼저 아우먼저 식으로 나눠먹으며 암흑 속을 견뎌냈단다.

그들을 구조하기 위해서 '미 항공우주국과 칠레군 첨단장비가 동원되었지만 그들이 구조된 것은 75퍼센트의 과학보다 25퍼센트의 기적이 생환에 결정적이었다고 술회했다. 구조대원 중에는 발데스(여성)가 있었다. 발대스는 지각에 드릴을 작동시킬 때 지질학자들이 지정해 준 위치에 드릴을 작동시킨 것이 아니고, 자기가 그려온 갱도의 구조도와 그동안의 지질탐사기록을 면밀히 대조하며 항상 지질학자가 지적한 곳보다 1도 정도의 각도를 아래쪽으로 변경시켜 탐침기를 꽂았다고 한다. 그 결과 광부들이 매몰된 지 17일 만인 8월 22일, 지하로 꽂은 탐지기를 톡톡 두들기는 신호가 들려왔다. 광부들이 머물러있는 곳이 포착되는 순간이었다. 그 신호를 감지한 구조대원은 열댓 살 소년처럼 널뛰듯이 기뻤을 것이다.

그 후에는 그곳에 초점을 맞추어 굴착기로 구멍을 뚫고 산소를 공급하고 그 적은 구멍으로 음료수와 먹을 것을 공급하기 시작했다. 그러면서 인체의 몸통이 들고 날 수 있는 원통을 만들어 광부들이 있는 그곳까지 그것을 밀어 넣고 밧줄을 원통 속으로 내려 한 사람씩 인양하여 전원을 올리는데 40여 시간이 걸렸다. 그런 수순을 거쳐 매몰된 지 69일 만에 33명의 광부들이 건강한 몸으로 지상의 햇볕을 쏘이게 되었다.

물론 그들에겐 사랑하는 가족이 있었다. 그들은 구조되어 나오는 데로 으깨어지도록 포옹하는 것은 물론 흙먼지로 범벅인 얼굴에 가족들이 비벼대기 시작했다. 자녀들과 칠레 국민들의 환호로 3, 4월의 꽃처럼 활짝 핀 광산에 그 나라의 국기가 펄럭이고, 만세소리가 들리는 듯 싶었다.

생존한 후의 이야기를 들어보면 우르수아의 리더십이 놀랍다. 그는 광부들에게 최악의 상황에서도 규율을 지키게 했다. 대피소 벽에 조직도를 붙여놓았다고 한다. 간호사, 오락반장, 정시에 기상, 샤워하기, 지상에 구조되어 나가는 순서마저도 우르수아의 아이디어였다고 한다. 그리고 자신이 멘 마지막에 나간다고 선언했고 인터뷰할 때도 동료들

먼저 앞세웠다. 그렇게 해서 동서고금에 제일 으뜸가는 광산 매몰사고의 성공사례를 남겼다. 그 많은 광부들이 69일이란 긴 시간을 견뎌내고 한 사람의 낙오자 없이 살아서 그들은 만물의 영장의 자격을 회복했다. 칠레는 올해 2월 독립 200주년을 맞이하여 기쁘기도 했지만 금년 8.8도의 강진과 쓰나미도 당했다. 희대의 어려움을 겪었지만 이번 33인의 생환은 칠레의 희망이었다.

그들의 생환에 있어서의 공적은 우르수아와 탐지기사인 발대스(여성)에게 돌려야 할 것 같다. 확대해서 지구촌의 관심과 소망이 그들을 인간 역사 속으로 끌어 올린 것이라는 탄복이 절로 나온다.

(2010년)

용추계곡의 환상

장마중이어서일까. 흐르는 수량이 많아서 용추(龍湫)의 멋이 증폭된 것 같다. 그곳, 지근거리에 폭포를 맞는 소(沼:물이 잠기는 큰 웅덩이)가 둘이었다. '沼' 자(字)를 '못소'라고도 하고 '늪소'라고도 풀이했다. '늪소'는 '곡지(曲池)'라는 뜻도 있어 첫 번째의 소를 곡지(曲池)라고 명명해도 될 성싶다. 용추계곡의 폭포가 첫 번째 소에 떨어지기 직전, 그 물이 운동장 같은 반석(盤石)을 스쳐 내려가는데 반석이 나선상(螺旋狀)이 되어 있어 폭포도 자연히 나선으로 낙하될 수밖에. 그런 모습으로 그 소에 떨어지는 폭포는 바로 넘쳐흐르지 않고 한 번 소용돌이쳤다. 흘러내린 물이 다음 소에 낙하할 때는 자연스러운 폭포 모양이었다. 그런 폭포의 모습에 감탄할 수밖에 없었다. 대개 폭포는 남성의 이미지를 연상할 수 있지만 용추(龍湫)계곡의 폭포는 나선형이어서인지 여성이미지로 여겨졌다.

그리고 여자 천사가 내려와 세수하는 곳인가! 물이 너무 말갛다. 첫 번째의 소는 거대한 항아리처럼 둥글고 커서 그 아름다움을 창조주의 예술이라고 밖에 표현할 길이 없었다. 바로 밑에 소는 평범하면서 폭포를 아량 깊게 받아내고 있었다.

이 용추는 사면(四面)과 그 바닥까지도 돌이고 폭포가 떨어지는 소의 수심(水深)만도 4미터 20센티미터라고 한다. 전 계곡을 깔아 덮은 반석의 생김새, 소에 낙하하는 물의 청아함, 소안에서의 소용돌이 모양새는 환상적(幻想的) 트리오였다.

이와 같이 자연은 태고적 아름다움을 인간에게 제공하는데 배은망덕이라도 하듯이 인간은 자연파괴를 일삼으니 인간을 어떻게 만물의 영장이라고 할 수 있겠는가.

우리는 7월 15일에 한국수필문학가협회 주최, 「자연 친화와 문학」이란 주제로 문경관광호텔에서 개최하는 제14회 수필문학 하계세미나에 참석했다. 그곳에서 자연 친화와 문학에 대한 이론을 들었다면 용추계곡에서는 자연친화에 대한 체험을 했다고 할 수 있겠다. 그래서 전자보다는 후자가 더 실감나는 교육이었는지도 모른다.

용추는 문경시 가은읍 신현동계곡에 있다. 일명 용추골이라고도 한다.

예로부터 그곳은 시인이나 묵객(墨客)이 즐겨 찾는 경승지(景勝地)라고 한다. 『동국여지승람』, 「문경현편(聞慶縣篇)」에 의하면 '용추(팔방폭포)는 새재 밑의 동화원 서북쪽 1리에 있다. 폭포가 있는데 사면과 밑이 모두 돌이고, 그 깊이를 헤아릴 수 없으며 용이 오른 곳이라고 전한다'고 표기되어 있다.

'在烏嶺桐院西北一里/ 有瀑布四面及底背石/ 其瀑不可測 /俗傳龍騰處'

바위에 새겨진 용추(龍湫)라는 큰 글씨는 '구지정(具志禎) 숙종(肅宗) 25년(己卯,1699)에 쓰다(己卯具志禎書)'라고 새겨져 있다.

세미나장에서 돌아오는 날 석탄박물관, 이강년 기념관을 둘러보았다. 다시 우리를 실은 버스가 용추계곡 부근에 주차했다.

일행 모두가 흙냄새, 풀냄새 맡으며 자연 친화의 발걸음을 옮기기 시작했다. 삼삼오오 오솔길 따라 걷는 재미가 도시에서 맛볼 수 없는 낭만이었다. 땀을 흘리며 산등성마루를 넘어 밭두렁과 칡넝쿨도 밟았다. 목적지인가 싶었는데 어느 상인 아저씨가 쭈~욱 더 올라가란다. 계곡의 맑은 물에 시선을 빼앗기면서 갈지자 오솔길을 오르고 또 올라갔다. 길이 너무 험해서 '자연 상태를 살리면서 오르기 좋게 길을 좀 다듬었으면' 싶었다.

목적지에 도착해 그 환상적 장면(용추계곡의 曲池)을 목격했을 때 올라오며 고생한 것이 아깝지 않았다. 관광에 만족해서라기보다 자연의 고마움을 이전보다 더 알게 되었고, 문학과 자연 친화를 어떻게 접목해야 할 것인가를 깨닫게 되었기 때문이다.

자연미에 감동을 받은 것은 수동적(受動的) 또는 소극적 자연 친화인 것이다. 그렇게 감동스런 자연생태를 보존하고 계승하려면 능동적 자연친화 노력이 있어야 할 것이다. 물고기가 육류(肉類)보다 좋다고 하면서도 수만 톤의 쓰레기는 왜 바다에 버리는 것인가. 울창한 숲이 보기 좋다고 감탄하며 수목과 인간이 공기의 교호(交好) 작용을 한다면서 산을 깎아서 건물을 짓고 레저산업을 서슴지 않는 처사는 과연 온당한 일인가. 물은 인간의 제2 생명이라면서 상수원에서 오폐수를 방류하는 얌체들은 자연을 관광할 자격이 없다고 할 것이다.

어느 문우가 준 옥수수를 알알이 빼어 먹으면서 계곡을 올라갔다. 그 속깡치를 아무데라도 버리고 싶은데 차마 버릴 수가 없었다. 결국 주차장까지 가지고 와서야 지정 쓰레기통에 버렸다.

우리나라에는 지역단위 혹은 전국 연합으로 환경운동을 하고 있는 것이 얼마나 다행인지 모른다. 자연생태계를 보존하도록 하는 일이야말로 자연과 인간이 상생을 하면서 인간의 생명을 연장하는 일이라 할 수 있을 것이다. 해양문학을 전문으로 하는 바다지킴의 문우가 있다. 산을 지키는 문인, 대기오염방지와 지구를 지키는 문인도 나와야 할 것이다. 자연파괴를 근절토록 하는 정부의 정책이 더욱 아쉽다. 자연친화에 대한 계몽적 글을 쓰는 것은 우리 문인의 몫이 아니겠는가.

(2005년 8월 『수필문학』)

지존설화

'지존설화'란 단어는 베이징의 하늘 아래에서 대한민국의 딸 장미란이 역도 용상의 186킬로그램을 시원스럽게 들어 올리자 TV화면에 뜬 감탄사다.

사전적 의미에서 지존(至尊)은 '더없이 존귀함이고, 설화(說話)는 이야기' 또는 '신화, 전설 등을 줄거리로 한 옛이야기'라고 했는데 이 두 단어의 합성어는 중국에서만이 쓰는 감탄어로 여겨진다. 우리가 환호하는 감탄보다 올림픽 주최국인 중국에서 쓰는 그 표현이 장미란을 더 돋보이게 한 것 같다.

그가 바벨을 들어 올리려 할 때마다 '대~한민국 짝작, 짝자작' 응원하는 함성이 저 멀리 베이징 경기장과 청계천 광장을 비롯한 각 음식점 홀에서까지 동시에 울려 퍼졌다. 한마디로 우리는 흥분의 도가니 속에 빠졌고, 그는 애국효녀가 되었다.

나는 TV 화면을 통해서 2008년 8월 8일에 열린 올림픽 경기를 간

헐적으로 관람했지만 장미란의 역도 경기 장면만은 한순간도 놓치지 않았다.

내 생애 중, 한 번만이라도 그처럼 애국자가 되고 싶은데 무엇을, 어떻게 하면 될까. 금번의 경기와 그의 전력(前歷)에서 답을 찾을 수 있을 것 같다.

그는 여자 역도계에서 체중 75킬로그램 이상의 최중량급에 속하는 118킬로그램 선수였다. 그렇게 큰 체구지만 그가 중학교 때 동급생 중에서 달리기나 널뛰기를 너무 잘하는 선수여서 그의 별명이 '날아다니는 돈가스였다'고 한다. 그는 중학교 졸업 무렵, 역도선수가 되는 것이 창피하고 싫었으나 역도선수인 아버지의 권유를 물리치지 못한 효녀였다. 금번 우승한 소감을 피력하면서 "지금과 같은 내 체질을 낳아준 부보님에게 감사 한다"고도 했다.

그의 체격은 남달리 크지만 균형 잡힌 몸 상태이면서 미모를 겸비한 여자라고 할 수 있다. 그는 고3 때에 역도에서 국가대표로 뽑혔다. 그 후, 2001년 전국 체육대회에서 합계 260킬로그램을 들어 한국 신기록을 세웠고, 2005년 세계선수권대회에서 우승함과 동시에 그 익년도엔 합계 318킬로그램을 들어 이제는 세계 신기록을 새웠다. 지금은 그에게 '아름다운 역사(力士/ 세계 신 5개 역사를 들다)'란 수식어가 붙게 되었다.

그는 확실한 세계 1인자란 말을 듣기 위하여 금메달리스트보다는 그것을 기록으로 보여주고 싶었다. 그래서 베이징 올림픽 선수권 대회에서 16일 하루에 5개의 세계 신기록을 세우면서 맨 마지막 경기할 땐 인상 140킬로그램, 용상 186킬로그램, 합 326킬로그램을 들어 세계 선수권대회에서 3연패를 한 샘이다.

베이징 올림픽에서 세계 신기록의 금메달을 그의 목에 또 걸었다는 것은 더욱 의미 깊은 것이다. 역도를 시작한 지 10년째의 쾌거였다. 그리고 우리 선수로서는 역도사상 올림픽에서 최초로 금메달을 목에 걸었다. 세계 신기록을 세운 후 무릎을 꿇고 기뻐하는 그의 모습은 대한민국 국민의 뇌리에서 지워지지 않으리라!

금년 25세의 한창 나이이기에 다음의 런던 올림픽에서 또 태극기를 하늘 높이 날리지 않을까 기대에 사무친다.

그렇게도 효자종목이었던 양궁 시합에서 기대했던 금메달이 나오지 않아 허탈한 상태였던 국민에게 그의 쾌거는 3년 가뭄에 안겨주는 소낙비와도 같았다.

그와 같은 여러 선수 덕분에 대한민국은 22일 현재 금메달 11개로 경기성적 순위 7위이다. 애초에 종합성적 10위를 목표했던 것인데 메달 수와 종합순위가 초과달성할 것이 분명해 국위 선양이 기쁘기만 하다.

그에게서 배울 점이 너무 많다. 그는 끈기가 있고, 절대 슬럼프에 빠지지 않았다고 한다. 사람이 세상을 사는 동안 끈기가 없다면 좌절의 늪에서 헤어나지 못하리라!

조선일보 기자가 장미란의 성공은 성실함의 결과라고 말했다. 태릉 선수촌에서 소문난 연습벌레였다고도 했다. 그렇게 자기 극복의 훈련이 오늘 같은 결과를 초래했으리라!

올림픽사상 최고의 도전자로 신기록을 보유하고, 우리 역도 사상 첫 번째 금메달리스트가 된 그는 가뜩이나 요즘, 혼란과 실망만을 안겨주는 우리 정치사회에 가슴이 후련함을 갖게 해주었다.

장미란 정말 장하여라! 개선 귀국하는 날, 영종도 공항에 나가서 힘껏 안아주고 싶은 마음 간절하다. (2008년 추천작가회 동인지)

나와 6·25

- 내자인 노정애(6·25 피해자)권사의 글을 한편 게재한다.

한국전쟁 중 피해유족들로부터 그 상황을 모집하여 신문에 실어준 조선일보사에 감사한 마음을 지울 수가 없다. 그 당시 나라의 비운은 단장(斷腸)의 고통이었는데 하나님이 보호하심으로 60년 후의 오늘은 꽃길을 걷는 기분이다.

나는 1945년의 해방이 완전무결한 해방인줄 알고 기뻐했다. 그러나 그때는 이미 미·소 양국이 강토를 분할 점령하므로 건국준비위원회(우익진영)와 남로당(좌익진영)간에 전쟁의 불씨는 내재하고 있었다.

6·25전쟁발발 이후, 아군이 남으로 후퇴할 때 인민군이 지리산으로 후퇴할 때 영광읍에서 좌·우익 살육전이 벌어졌다. 1952년 공보처 통계에 의하면 그 전쟁으로 인하여 6만여 명의 국민이 죽었고, 어느 군(郡)보다 양민피살자가 가장 많았던 곳이 전남 영광이었는데 무려

21,255명이었다.

나는 그 당시 법성중학교 2학년이었고, 우리 아버지는 법성포 어업조합에 근무하던 중 난리를 만나 집에서 별일 없이 소일하고 계셨다. 그리고 우리 가족은 영광읍 도동리 외가의 별채 가옥에서 오순도순 살고 있었다.

때문에 외부에서 보면 그 울안에 사는 사람은 다 한 가족으로 알았을 것이다.

아버님은 노점종이었고, 어머님은 편홍식이었다. 나의 동생은 정수, 정원, 정삼, 정선, 정자였다.

어느 날 집에 들어와 보니 집안이 먹구름으로 덥혀 있었다. 어머니는 안절부절 못하시며 이사람 저사람 만나는 대로 붙들고 "우리 정애 아버지 못 보셨소?" 물어보았으나 다 고개만 흔들었다. 어머니는 며칠째 식음을 전폐하고 울고만 계셨다. 온 식구는 물론, 개마저 울고 있던 중에 청천벽력 같은 소식은 어느 밭두렁에 피살당한 시체가 아버지였다는 것이다. 아마도 외사촌 오빠가 육군 소위였으므로 아버지를 그의 직계가족으로 오인하지 않았나 싶다. 아무리 생각해도 아버지가 그들에게 피살당할 이유를 지금까지도 몰라서 천추에 억울할 뿐이었다. 온 식구가 울부짖고만 있는데 외가의 인척들이 와서 마음을 추스르고 장례를 치러야 한다고 독촉했다. 외가 식구들의 도움으로 아버지 장례를 마무리했다. 아버지 기일은 음력 8월 27일이다.

그런 소용돌이 중에 인천상륙작전 성공으로 국군이 38선을 넘어 진격한다는 소식에 희망이 생겼다. 아군이 인민군의 보급선을 완전히 차단하므로 인민군은 독안에 든 쥐 신세가 될 수밖에 없었다. 영광, 함평에 주둔했던 인민군과 빨치산들은 지리산이 아니면 불갑산으로 거점지를 옮겼다. 또 아군은 목포항으로 상륙한 후, 작전 중에 낮에는 함평, 영광에 진입했다가 밤에는 다시 목포로 후퇴, 그런 작전을 몇 번 반복했다. 그래서 함평 영광은 낮에는 대한민국 밤에는 인민공화국이 되었다. 그동안에 거의 양민학살이 된 것이다.

어느 날, 밤에 동네 청년들이 여성동무들도 빨리 연장을 가지고 나오라고 소리치고 다녔다. 가택수색을 한다기에 벌벌 떨며 그들을 따라갔는데 그곳이 여성동무 사무실이었다. 붉은 완장부대원이 날더러 "너도 여성동무다"라고 호칭했다. 머슴 같은 그가 집에 가서 연장을 가지고 나오라고 하잖는가. 나는 친구와 같이 발길을 돌려 집으로 돌아가던 중 친구네 집 헛간 집단 속으로 숨어 공포심에 떨었다. 드디어 날이 밝아왔다.

설상가상의 운명이 시작이었던가. 고즈넉한 집안에 아직도 밤인 양 등잔불만이 하늘거렸다. 마당에 사진첩이 흩어져 있고, 부엌살림 외에는 무엇이든 몽땅 다 가져가버렸다. 이웃사람더러 물어봤다. 이웃이 밤에 창구멍으로 본 정황을 말하는데 "네 엄마는 막내 동생을 업고, 네 동생들은 줄줄이 엄마와 함께 연달아 묶여서 동구 밖으로 끌려갔다." 라고 하지 않는가.

밖에 나가보니 울문산 기슭에서부터 아버지, 엄마, 오빠, ○○야… 가족을 찾는 울부짖음으로 메아리쳤다. 나중에 듣고 보니 "정애 네가 졸도해버렸는데 몇 사람이 너의 사지를 10분가량 주무르고 냉수를 먹이고 나서야 후유! 하고 한숨을 쉬며 일어나더라"는 것이다. 그날 밤, 빨치산들이 물무산 기슭에 구덩이를 파고 그 많은 사람을 한 구덩이에 매장을 했다는 것이다. 그곳이 영광 양민이 제일 많이 살상된 곳이다. 너나없이 시체 찾기에 혈안이 되었다. 사람을 죽이되 총으로 죽이는 것은 신사적이었다. 그 장소의 시체는 모두가 죽창으로 찔린 시체들이었다. 얼마나 잔인했던지 눈뜨고 볼 수 없었다. 그날 밤이 음력 9월 10일이어서 매년 그날은 동네 거의가 같은 제삿날이었다.

나는 어머니와 동생의 교복단추를 보고 시신 두 구를 겨우 찾았고, 네 동생은 시신마저도 못 찾았다. 동네 사람들이 엄마와 동생을 매장을 해주어서 단장의 가슴을 안고 돌아왔다. 그날이 아버지를 여윈지 13일째였다. 집에 돌아온 후에야 본격적인 울음이 터졌다. 집 앞을 지나는 사람마다 나를 쓰다듬고 위로할 때만 울음을 그쳤을 뿐, 가슴이 터지는 통곡을 했다. 그 크나큰 외가 집에 사셨던 외숙모도 끌려가 죽었다. 그 울안에 사는 사람을 다 반동분자로 여겼던 것이다. 그 후 다 늙으신 외증조할머니와 내가 얼마동안 그 집을 지켜야만 했다.

부모님께서 한 푼의 재산도 없이 딸 하나 홀랑 남기고 가시다니…. 학교 공부는커녕 굶기가 일수였다.

어쩌면 그렇게도 박복했는지 피붙이가 전혀 없어 비빌 언덕도 없었다.

정신연령이 어려서일까. 나는 아버지, 어머니 묘라도 찾아 기억해 두었어야 했는데 가난과 고독에 헤매다가 묘 찾는 일을 놓쳐버린 것이다. 결혼 후에야 묘를 찾으려니 그 목격자는 다 타계해버렸고, 그 산도 무성한 초목으로 정글이 되어서 그 누구도 그 산길의 방향을 찾을 수가 없었다.

나는 새벽마다 교회에 가 엎드려서 앞날을 인도해주시라고 애면글면 하나님께 기도했다. 교회 마루는 눈물바다였다

결국 영광읍 교회 여전도사의 알선으로 광주고등성경학교에 입학하게 되었다. 합숙을 했는데 학생 모두가 자기 집에서 쌀을 가지고 와서 하루 두 끼 만으로 호구지책을 면했다. 나는 외가에서 식량을 공급받았으나 몇 달 후 그마저 안 되어 주방 일을 책임지는 것으로 식량 값을 대신했다.

성경학교 2년을 마치고, 친구인 김삼례와 같이 수피아여고에 2학년으로 편입하여 졸업했다. 그 친구가 어데 있을까 보고 싶다. 고교시절도 숙식이 문제였다. 그런데 광주에 무료급식과 기숙을 할 수 있도록 도와주는 성빈여사라는 기관이 있었다. 운영자는 조아라(국회의원)여사였다, 거기서도 역시 점심은 주지 않았다.

어느 날, 수피아여고 유화례선교사인 교장선생님께서 교장실로 나를 부르셨다. 무슨 일인가 싶어 갔는데 나의 사정을 감안하고 미국의 구호기관에 학비를 보내줄 수 있도록 주선을 해주겠다는 것이었다. 하나님께 감사하였다. 매일 두 끼로 생명을 연장했지만 미국인으로부터 재학 중에 학비를 받게 되니 나는 고된 언덕을 넘은 기분이었다.

26세에 결혼하므로 외톨이 인생을 마감하고, 가족의 따스함을 맛보게 되었다.

미국을 비롯한 세계 16개국의 도움으로 한국전쟁을 승리하게 한 것은 대한민국의 쾌거였다. 6·25전쟁이 끝난 후, 남한은 세계에서 10대 경제대국으로 발전한 것이다, 이런 나라의 국민이 된 것을 자랑하고 후세들에게 한국전쟁의 경위와 발전 이야기를 전할 수 있을 것 같다.

(2011년 조선일보에 게재된 글)

5부

안테나 없이 살아온 회환

· 근 반세기 넘어 세월을 되짚어가며
흑백사진을 뚫어지게 보고 또 본다.
30대 후반의 팽팽하고 교양 넘쳤던 사모님,
20대의 홍안인 나와 나란히 앉은 모습은
누가 봐도 다정다감한 남매지간의 닮은꼴이다.
만약 이 사진마저 없었다면 더더욱 애절했을 것이다.
사진으로만 아름다웠던 추억을 회상하려니
사모님 그리움이 더욱 북받친다.

그대 곁에 살며시

어슴푸레한 미명, 백년가약의 여인 몰래 그대 곁으로 다가간다. 거실의 불을 밝히고 은은한 향기 따라 그대 곁에 살며시 서 본다.

와! 분홍빛깔 얼굴로 활짝 웃음 짓는 그대가 곱다. 그 이름은 아카도 꽃.

사람 발자국 소리 들리는 대궐에서 뽐내고, 대자연의 뜰에서 총아로 사랑받을 그대를 제한된 공간에 가두어놓고 감상하는 게 계면쩍다. 그러나 그대를 통하여 자연을 확대조명해 보고 창조주의 심오한 솜씨를 음미하며 그대가 풍겨주는 아름다운 이미지를 만방에 전하면 그대도 싫지 않으리!

꽃이 갖고 있는 이미지는 아카도를 비롯하여 모든 꽃이 똑 같다고 생각되기에 나는 이 아침, 아카도 꽃을 만화(萬花)의 표상(表象)으로 여겨 정서의 날개를 달아주는 꽃의 이미지를 내 심상(心象)에 수놓고 싶다.

이 아카도는 사돈이 보내준 집들이 선물로 나와 8년 지기이다. 그동안 키가 내 목 부위까지 자랐고, 가지는 억센 남정네의 팔처럼 뻗어 드셌으나 분홍빛 옷을 입고 나니 이제 그는 우리 집 꽃 중에 공주가 되었다.

3월의 꽃샘추위에 그가 안쓰러워 베란다에서 그 화분만을 거실로 옮겨 놓았다. 15일쯤 되어 꽃망울이 다 맺히더니 24일 만에 하나도 남김없이 함박웃음을 터뜨렸다. 꽃잎은 규칙적으로 다섯 잎씩이고 가지마다 2계층으로 꽃이 피어 축제의 손짓을 한다. 잎은 온데간데없고 화형(花型)이 마치 지상에 내려놓은 미니 애드벌룬 같다. 안아보고 싶지만 가냘픈 그대 다칠세라 애모(愛慕)의 윙크로 교감한다.

자연이 이렇게 우리 정서생활과 밀접한데 누가 자연을 훼손한단 말인가.

아카도 꽃이 너무 사랑스러워 그의 생태와 분포지역에 대한 정보를 탐지했으나 아카도는 일본 철죽으로 밖에 알 길이 없어 유감이다.

꽃은 우리 감각과 감정에 기쁨과 만족을 주기에 아름답다고 찬사를 보낸다. 또 누구에게나 사랑스럽고 귀여운 자태, 산뜻하고 부드러운 모양을 자아내줘 '꽃은 곱고 예쁘다'고 말들을 한다. 그런데 우리 인간사회는 얼마나 삭막한가. 우리 다같이 꽃처럼 이웃에게 기쁨과 만족만을 주는 아름다운 마음씨, 누구에게나 매너 있는 대인관계와 칼라가 분명한 지조, 그리고 부드러운 언어 행동을 갖추자고 강조하고 싶다. 그런 사람은 분명 삭막한 세상에 인격의 꽃이 되지 않을까 싶다.

(2005년 7월 『수필문학』)

안테나 없이 살아온 회한

동막교회 사무실 직원이 건네주는 수화기를 들고 그 교회 원로인 신 장로와 통화가 됐다.

"소천(召天)하신 김덕수 목사님께서 맨 마지막 시무하셨던 교회를 알고 싶습니다. 그의 사모님의 근황을 알고 싶어서입니다."

"김 목사님께서는 구로동에 있는 어느 교회에서 시무했는데, 그의 사모님마저도 소천 하셨답니다."

"몇 차례의 이음새를 넘긴 세월에 이미 그분은 저승에 있을 지도 모른다는 의구심이 적중했구나!"라는 독백과 함께 수화기를 놓으며 나는 맥이 풀려버렸다.

근 반세기 넘어 세월을 되짚어가며 흑백사진을 뚫어지게 보고 또 본다. 30대 후반의 팽팽하고 교양 넘쳤던 사모님, 20대의 홍안인 나와 나란히 앉은 모습은 누가 봐도 다정다감한 남매지간의 닮은꼴이다. 만약 이 사진마저 없었다면 더더욱 애절했을 것이다. 사진으로만 아름다웠던 추억을 회상하려니 사모님 그리움이 더욱 북받친다.

이 소식을 알기 전만 해도 그 분을 만나면 여행이라도 같이 하고 싶었고, 맛있는 음식도 대접하려 했고, 용돈이라도 한 번 듬뿍 드리려고 했다.

불행히도 병석에 있다면 가냘픈 그의 손을 꼭 잡고 위로하려고 했는데, 누구에게나 주워진 죽음의 운명엔 어쩔 수 없다고 단념하자니 너무 애달프다.

이럴 줄 알았더라면 아무리 삶이 고달파도 소식을 두절(杜絶)하지만 않고 살아왔어야 할 것을…. 후회막심하다. 그리고 배은망덕 자를 용서해달라고 애원하고 싶으나 상대가 없으니 무치한인 자신이 원망스럽다.

나는 재학 중 입대하여 진해 해병교육단에서 3개월 동안 갯벌 냄새를 맡으며 무적해병의 초기 훈련과정을 마쳤다. 그동안 전우마다 가족면회를 했지만 나이겐 면회 와주는 사람이 아무도 없어 고독했다. 신병훈련을 마친 후, 금촌에 주둔한 해병 1사단에 배치 받은 후에도 역시 휴가나 외출 시 포근하게 머물 곳이 없었다. 그 당시는 신앙으로 외로움을 극복했다고 여겼지만 사모님과의 만남을 추억해 보니, 그의 사랑은 나의 외로운 인생 순례 길에 더없는 위로가 되었다

매달 두 번 정도의 토요일, 부대에서 외출을 하지 않았나 싶다. 그렇게 하기를 제대 전, 약 1년 정도 한 것 같다.

사모님과는 인척관계도 아니고, 그 전에 교회에서 특별하게 접촉한 바도 없다. 그 내외분이 6·25사변 직후, 피난생활로 함평에서 얼마동안 머물러 있을 때 스쳐가는 식으로 얼굴을 익혔을 뿐이다.

내가 해병 실무 생활할 때 그분들은 목회지를 서울로 옮긴 상태였다.

군 생활 중, 부대에서 가까운 곳이 서울이었기에 처음 인사차 그분들이 시무하는 동막교회(마포구 대흥동 소재) 사택을 방문했던 것이다.

김덕수 목사 사모님, 그분은 말씨가 고왔다. 내가 자주 찾아가도 일반 신도와 사모간의 관계 이상으로 나를 맞이해 주었다. 시간이 흐를수록 가식 없는 남매처럼 정이 듬뿍 들었다.

어느 날, 점심상을 세 사람이 같이 했는데 의외로 그가 "여보, 오 선생을 동생 삼읍시다."라고 그의 부군인 김 목사에게 제안하지 않는가. 김 목사는 그 말에 묵묵부답이었다. 그 시대의 성직자의 정서상 당연했을 것이다. 그럼에도 불구하고 사모님과 나는 제도적인 결연의 절차도 없이 가까운 사진관의 렌즈 앞에서 포즈를 취했다.

그분들이 시무했던 동막교회가 지금은 아파트 단지에 크고 훌륭하게 건립되었지만 그때만 해도 그 교회는 언덕에 초라하게 지어진 조그마한 건물이었다. 50년대 말, 그런 교회 형편에 담임목사 사례금이 형편없을 것은 불문가지이다. 지금 같은 생각이라면 그 집에 찾아다니는 것을 몇 번이고 신중하게 했을 것이다. 그런데 염치없게도 그곳을 찾아가고 식사자리에 같이 하며 많은 신세를 졌는지, 눈치 없었음을 개탄한다.

그렇게 했으면서도 제대 후부터는 너무 두절하고 살았다. 딱 한번 그의 따님의 결혼식에 참석했을 뿐 계속 두절상태로 지냈다. 그렇게 된 것은 김덕수 목사님과 내가 속했던 교단이 달라서 안부만이라도 교류할만한 인맥접촉이 전무한데도 원인이 아니었나 싶다.

내가 지금은 모든 직에서 은퇴하여 시간이 여유로워서일까? 사모님 생각이 자주 나기 시작했다. 김 목사님께서 소천(召天)한 것을 얼마 후에야 알게 되었고, 백방으로 수소문해봤으나 사모님 소식은 오리무중이었다.

그러던 중 총회 출판사를 찾아가 동막교회 전화번호를 알아냈고, 이어 동막교회 사무실에 들러 그 교회에서 제일 고령인 원로장로와 전화를 하게 되었다. 그 결과 혼자만이 추억을 되씹어야 할 전화를 받게 되었다.

"사모님, 한 번만이라도 만나보고 싶었습니다. '누나' 하고 동생의 음성을 들려드리고 싶었습니다."라고 독백을 하며 동막교회 뜰을 나서는 나에겐 메아리 없는 애절한 호소일 수밖에….

나는 깨달았다. 그래서 다짐했다.

은혜를 입었거나 특별한 인연이 있었던 사람과의 사이에 늘 무형의 안테나를 설치하고 사는 일을 잊지 않겠다고.

연락할 인맥의 여건이 안 되었다지만 내 경우로 봐선 노력하지 않은 핑계였다. 또 어려운 생활 때문이었다 해도 안테나만 놓치지 않고 살았다면 어느 기회가 되었을 때, 바로 묻혀진 인연을 재생시킬 수 있지 않았을까. 그러나 만나야 할 인생열차는 이미 떠나버렸다. 사진만 달랑 들고 교감 없이 그리움에 사무쳐 본들 허전함만 더하는 것 같다.

(2006년 『수필문학』 추천작가회 동인지)

히어로 수상자

TV를 켰다. 마침 MBC 방송에서 '늘 푸른 인생'이란 프로그램이 진행 중이다. 신명 넘치는 고향마을 어르신들의 인생이야기이다. 주인공은 75세 남자인 정종수(가명)로 버스기사였는데 65세쯤 젊어보였다. 그는 운전 중에도 승객의 상쾌한 기분을 위해서 늘 정장을 한다나! 그의 외모에 앵두송이처럼 매너가 넘친다. 그는 경제수단으로 그 일을 하는 것이 아니라 늘 푸른 인생을 살기 위해서이고, 매일 아침 4시에 기상하여 남보다 일찍 출근한단다. 대신 오후에는 일찍 퇴근해서 건강을 위해 규칙적인 운동을 한다고 했다. 거기다 예절이 발라서 새벽마다의 고정승객들과도 여간 친한 게 아니라고 했다. 노동판이 아닌 어느 직업인에게나 그런 예절은 금상첨화다.

그래서 그는 히어로 수상을 했다. 히어로(hero)는 사전적 의미로 영웅, 또는 인기를 모으고 있는 사람이란 뜻이다. 정말 인품 좋고 그는 늘 푸른 인생다워서 부러웠다.

나는 명년부터 N교회 경조위원회 간사 직을 사직하려고 했지만 그 순간 그 일을 번의하기로 결심했다.

사람이 사회생활 하는데 자기가 맡은 일로 인해서 공동체의 분위기가 저해된다면 그 직에서 자진 사직해야 하지만, 그렇지 않다면 굳이 주위를 의식하고 살 필요가 없지 않겠는가. 혹여 우리 교회 멤버 중에 누군가가 날더러 파뿌리 노인이 아직도 경조사 간사 직을 맡고 있다며 비평을 할지라도 장례사(葬禮事)에 플러스가 된다면 늘 푸른 인생여정을 고집하리라. 피안의 이쪽에서 사랑하는 가족이 피안의 저 너머로 가족을 영영 보낼 때의 슬픔과 아쉬움에 동참하는 일은 상주들의 가슴에 평생 감동으로 간직되는 일이니 말이다.

나는 1984년부터 내가 섬기는 N교회 사무장으로 부임하면서 초상이 날 때마다 장로의 신분으로 목사와 같이 하관예배까지 동참하여 대표기도를 맡아왔다. 그 당시는 장로들이 거의가 직장생활을 하기 때문에 그분들이 시간을 낼 수 없기 때문이었다. 그러던 중 1996년 사무장 직에서 정년퇴임을 한 후에도 교회에서 경조위원회 간사 직만은 계속해 달라고 해서 오늘에 이르렀다. 그렇게 된 데에는 물론 초로에 백수건달의 경제형편을 고려한 당회(담임목사와 장로모임)의 나에 대한 배려였을 것이다.

간사직도 어언 한 주기의 강산이 변한 세월이 되었다. 간사로서 하는 일은 부음을 접하고 초동 문상예배부터 하관예배까지 교구장 목사와 동행하게 된다. 물론 서울이든 지방이든 문상예배인도 목사와 같이 가서 대표기도를 거의 맡아왔다. 상주와의 자문역할은 물론 장례예배순서지

만드는 일과 샤론성가대 동원하는 문제도 간사의 몫이다.

발인예배마다 샤론성가대가 조가를 부를 때야말로 상주들은 물론 조객들 모두가 숙연한 은혜에 잠긴다. 그 샤론성가대만은 서울 시내 어느 교회에서도 따를 수 없는 감동의 연주였다. 그들이 부르는 대표곡 「저 언덕 넘어…」(Deaton작곡)을 1절만 게재하면

> 저 언덕 너머 바다 기슭 나 편히 쉬일 곳/ 나 위해 예비하신 곳 주 나를 기다리시네./ 저 언덕 넘어 집 아름다운 자유의 집/저 언덕 너머 집 아버지 날 기다리시네./ 나 주를 만나 뵙고 그 곁에 있으리/ 앞서간 성도와 영원히 나 편히 쉬리라.

장례 일을 감당함에 있어 매일 얽매이는 것은 아니다. 그러나 언제 초상이 날지 예기치 못해서 사생활에 늘 조바심을 갖는 것과 먼 지역에서 꼭두새벽에 나가는 일이 다반사여서 늘 긴장해야만 하는 것이 어려움이다.

명년에 우리 종중의 선대 합동묘원을 조성해야 한다. 그 일을 내가 하지 않으면 안 되는데 한 동안 공사(公私)의 겸직을 할 수 있을지 걱정이 앞선다. 반대로 사직(辭職)하는 데도 문제가 있다. 노후준비가 안 되어 있으니 말이다.

내가 금년 말로 그 일을 그만 두고자 했던 내심은 혹여 조객 중에 백발이 너무 성성해서, '늙어 영감이 되었으면 그만 둘 일이지'라고 평하지 않을까 싶어서이다. 머리 염색을 하고 다닐 때는 괜찮았는데 염색을 하므로 탈모가 심해서 문제되었던 것이다. 그러나 이제는 탈모방

지 염색약을 구해보려는 데 그 게 있을지 아직은 오리무중이다.

누군가가 나이는 숫자에 불과하다고 하잖는가. 나도 역시 그렇게 생각하기로 했다. 지금 정도의 젊음을 잃지 않기 위해서라도 열심히 심신단련을 하련다. 매일 한 시간씩 걷기운동을 하면 될 성싶다. 내가 백발을 감추려고 베레모를 쓰고 다녔는데 덕분에 젊어가는 멋쟁이란 별명을 얻었다. 이제는 젊은이들의 눈이 부드럽도록 이전보다 핸섬하게 복장을 갖추어야 할 듯싶다.

첫째로 고독해서 우울증에 걸리는 사람, 심지어는 자살까지 하는 사례는 예사로 넘길 일이 아니다. 사회생활 중에 고독하다고 하는 것은 개인적 인간관계가 전무하고 소속이 없다는 동이어다. 만약 내가 사직했을 때 그날부터 날갯죽지가 없어진 기분으로 추락하면 어쩌나! 상상만 해도 두려워진다. 사무장 시절, 교우들로부터 과분한 사랑을 받아 순풍에 돛단 배였다. 거기다 시무장로(始務長老)들과의 두터운 유대관계는 만년 대교를 건너는 기분이었다. 간사 직을 맡으면서 경조부원들과의 사귐은 친척 이상의 훈훈함이었다. 그래서 나는 공연히 주위를 의식하지 않고 나대로의 삶을 살 것이다.

두 번째로 소액이지만 교회에서 주는 간사비가 생활에 도움이 되었다. 자녀들이 주는 용돈만으로는 품위 유지를 할 수 없어 두문불출하고 살 수밖에 없을 것이다, 지금 생각하면 보험 설계사 한 번 만나본 적이 없고, 노후대책(연금)도 못 세운 이전의 삶이 부끄러울 따름이다. 얼마동안이 될지는 모르겠으나 제백사하고 나대로의 '늘 푸른 인생'만은 고집할 작정이다. 히어로 수상자처럼 말이다. (2007년)

섬진강변의 레일 바이크와 돌각담

기차마을, 이곳은 60년대에 사라졌던 관광용 증기기관 열차를 운행하는 곡성의 관광명소다. 그 열차를 타보는 맛도 쏠쏠했고, 책보자기를 등에 대각선으로 둘러메고 다니던 초등학교 시절에 들었던 기적소리가 그립도록 귓전을 울렸다. 하지만 그것은 아직은 그날의 관광의 맛보기에 불과했다.

서울 대공원의 코끼리 열차를 연상하면서 네 사람씩 한 조가 되어 20여 팀의 무개차(無蓋車) 행렬이 레일 위에 도열되었다. 엔진 대신 발로 페달을 밟으며 레일 위를 달린다. 남녀노소 불문하고 동심으로 돌아가 따르릉 따르릉 비껴나세요 자전거가 나갑니다. 따르릉…. 전라남도 곡성군 오곡면 침곡역에서 가정역까지 5킬로미터의 레일 위를 '레일 바이로(Rail bike)'로 그렇게 달렸다.

두 팔을 벌리면 양편의 산자락에 닿을 듯한 두메산골, 그러나 왼 편에 심청의 전설을 싣고 흐르는 섬진강 물줄기가 심안(深眼)에서 넘실거리고, 레일 좌측 언덕에 즐비한 철쭉꽃이 관광객들의 탄성을 자아냈다.

곡성군은(조형래 군수) 남다르게 지방자치의 발전을 위해서 도림사, 태안사 등 기존의 관광명소를 부각시키는 노력과 심청효심동산과 심청공원 등 새로 개발한 관광명소가 많다. 그중에 이미 사라져간 기차마을이 다시 생겼고, 거기에다 레일 바이크를 관광 상품으로 고안해서 선보인 것이 군민을 살찌게 하고, 정서생활을 할 수 있게 해서 어느 명소보다 돋보인다.

2009년 4월 24, 25일, 한국 소설가협회 주최, 곡성군의 후원하에 「지방문학과 소설」이란 주제로 곡성에서 봄 세미나가 열렸다. 강사는 곡성군 출신인 이재백 작가로 돌각담을 축성(築城)하고 또 그것을 소설화한 분이다.

80여 명의 회원들이 25일, 태안사, 조태일 시문학관 탐방을 하고 기차마을에 당도했다, 꽉 막힌 듯이 산으로 둘러싸인 고을이면서도 고색창연한 문화유적이 산재해 있는가 하면 여백의 공간마다 심은 관목수마다 웃고 있는 꽃들이 잔치를 벌여 화사한 봄나들이였다.

섬진강을 옆에 끼고 레일 바이크 페달을 돌리면서 그 강을 내려다보니 골짜기가 많아 풍광이 너무 좋았다. 어느 작가가 상류로 올라가면 섬진강 수력발전소가 있다는 말도 들려주었다. 섬진강에는 향어떼가 상상을 초월한다는 데 언젠가 강태공이 되어서 오고 싶은 생각도 일었다. 나룻배의 체험공간도 있고, 자전거도로가 강변을 따라 뻗어가는 모습이 레일 바이크와 어깨를 겨루는 듯 끝이 안 보인다.

하동 땅 평사리 공원의 최참판댁에서 박경리 선생이 『토지』라는 소설을 구상할 때 이 섬진강을 내려다보면서 썼으리라 생각을 하면서 레일 바이크로 달려보는 재미는 우리 작가들에게 문학적 의미를 더 깊게 해 주는 것이 아닌지….

그날, 레일 위에서 작가들이 곡성의 무대를 독차지한 기분으로 페달을 밟았다. 레일의 곡선을 돌 때는 더 힘이 들었다. 앞서가는 팀, 뒤따라오는 팀이 서로 경주를 하는 기분이지만 어차피 우리는 똑같이 타고, 똑 같은 시간에 내릴, 운명이라면 너무 거창한 표현일까. 네 사람이 한 조를 이루다보니, 이 세상 살아가는 데에는 오늘처럼 협동심이 있어야 세상살이가 부드럽겠다는 것을 깨닫게 된다.

벤츠를 타고 휘황찬란한 도시의 거리를 달리는 것보다 4월의 연푸른 자연계곡의 천로, 평행선을 달리는 레일 바이크가 오히려 운치 있는 것 같았다. 그리고 시각적인 관광보다 체험관광이어서 더욱 실감이 났다. 지금까지 본 관광명소 중에 제일 멋있고 실감나는 관광명소였다.

레일 바이크를 4월 말일에 개장할 예정이었는데 작가들이 처음 타는 행운을 가졌다며 도우미가 주석을 단다.

금번 문학기행 마지막 코스가 인상 깊었다. 이재백 작가의 서재를 탐방하기에 앞서 동구 밖 약 500미터 지점부터 그의 집 앞까지 축성된 돌각담이 인상적이었다. 초등학교 5, 6학년 정도 키의 높이로 300여 미터의 길가를 쌓은 자연석 돌각담, 그 정성이 너무 지극하여 그곳이 아니고는 볼 수 없는 풍경이었다. 돌각담 중간 중간에 19개의 자연석 비석(한 면만 깎았음)에 석각, 운문과 산문으로 새겨진 비석을 세웠는데 그것은 문학기행에 금상첨화였다. 마치 그곳에서 이재백 작가가 살아온 토속문학시대 이야기를 우리 작가들에게 소곤거리는 듯 아기자기했다.

지금까지 풀뿌리 민주주의의 단점을 이야기 한 것이 부끄럽다. 지방자치제가 안 되었다면 중앙정부가 산중에 이런 명물을 장치하려 꿈이나 꾸었겠는가. 곡성군의 지방자치단체였기에 이런 연구에 열심히 하지 않았을까. 군민이 행복하도록 관광개발을 한 곡성군은 타군에 비해서 칭찬 들을 수 있는 자치단체라 여겨진다.

식사와 잠자리 그리고 친절한 안내를 해준 조형래 군수님 이하 여러 직원들과 이재백 작가에게 감사하고픈 생각이 아직도 여운으로 남아있다

(2009년 곡성 군지)

의술과 의약의 한계

어느 날, 낮잠을 자던 아내가 느닷없이 거실로 나오더니 그날 본 적도 없는 혜림(이웃단지에 사는 손녀)이가 어디로 갔느냐며 찾는다. 또 어느 날은 해가 저물어가고 있는데 아침밥을 해야 한단다. 황당할 수밖에….

누구든지 암이라는 진단을 받으면 머잖은 장래에 죽음이 올 것이라는 불안감에 휩싸인다. 더군다나 말기 암이란 진단을 받으면 주검의 코앞에 이르렀다며 운명타령을 하기 마련이다. 그러나 그런 암이라고 할지라도 암의 종류에 따라서 의술과 의약으로 치료가 가능할 수도 있다.

우리 부부는 남은 세월이 얼마일지 가늠하지 못 할 뿐 의술과 의약의 한계에 이른 병을 앓고 있다. 나는 파킨슨병을 앓은 지 3년 반, 처는 치매를 앓은 지 근 1년이 되어간다. 그동안 카타르시스적 정황을 가져볼 수가 없어서 안타깝다.

70대 후반이니 남은 세월이 짧다고 애석할 처지는 아닌 것 같으나 두 사람 다 지병에서 탈출하지 못하고 죽어야 하다니, 그 병을 만난 이후부터 광명의 날을 못 보고 이승을 떠나야 한다는 생각에 애절한 아쉬움뿐이다. 황혼의 빛깔이 물든 모자의 차양을 만지며 낙조의 수평선을 감상하면서 밤을 상상하는 기분이라고나 할까.

파킨슨 병자였던 자녀들마다 '우리 아버님(또는 모친)은 결국 그 병으로 돌아가셨다'는 이야기만 들려줄 뿐 그 병이 나았다는 말은 들어보지 못했다.

고령의 노인들에게 의사들은 흔히 말하기를 기계도 오래 쓰면 고장 나기 마련인 것과 같이 인체도 늙으면 어쩔 수 없으니 현실대로 수용하라고 한다. 그렇다 우리 역시 의사의 말을 수용해야 마음이 편할 것 같아 이미 그렇게 다짐을 했다.

그러면서도 우리의 기도가 희망의 끄나풀인양 아침저녁 무릎을 꿇고 있다. 하나님의 긍휼로 현재의 병을 치료받아서 우리를 아껴왔던 이웃들에게 근심스런 소식보다 부담 없는 치병소식을 전하고 싶다. 그러나 그것은 여명의 문틈으로 스며들어오는 한 줄기의 햇살을 기다리는 몸짓에 지나지 않을 것이다.

처는 8년 전에 대장암(3기)을 수술하면서 15센티미터의 장을 잘랐고 이제는 지나간 세월에 대장암은 걱정 없어졌다.

그런데 1년 전부터 많은 교회 권사들의 이름들을 잊어버린 것은 물론 얼굴을 대하고서도 누구인지? 기억을 못 해내는 기억장애가 진행중이다.

우리 두 사람이 병들어 있을 때나 수술 할 때 그분들로부터 기도와 경제적 도움을 받아 왔다. 때문에 건강한 몸으로 평생을 살면서 그분들에게 좋은 소식을 전할지언정 더 이상 신세지고 싶지 않다. 이제는 그분들에게 보은을 하면서 살아야 할 처지이다.

내자는 아파트에 살면서도 수십 년 전으로 돌아가 연탄 걱정을 하는가 하면, 이웃단지에 사는 손녀들이 같은 방에 있었던 양 그들의 이름을 부른다. 치료약을 주지만 '왜 그 약을 복용해야 하는지를 모른 채 약을 복용한다. 가계부 정리도 못 할 뿐 아니라 쇼핑도 서툴다. 반찬 한 가지를 만들려고 해도 며느리와 딸에게 전화로 물어야만 하게 되었다. 냉장고도 내가 신경을 쓰지 않으면 홀대받던 반찬그릇이 눈을 흘긴다. 전화통화를 하면서도 누군지 몰라 애태우기가 일수다. 안양에서 일상적으로 출석하던 반포의 N교회 이외는 어느 곳도 찾아갈 수 없다. 때문에 나는 낮에는 외부출입이 가능해도 밤에는 내 집의 불침번을 서야 할 신세가 되었다.

발병 후 투약을 하다가 한림대 원장을 찾아갔다. 자기공명영상촬영(MRI), 양성자 단층촬영(PET) 소변검사, 혈액검사를 한 결과 '치매' 란다. 그때부터 혈압약과 뉴로메드. 아리셉트를 복용한지도 4개월째 들어간다.

뇌신경세포가 죽어가고 있는 것이다. 외래진료를 하고 약을 투약하는 것은 지병이 더 이상 진전되지 않기를 바랄 뿐, 완치를 기대 할 수 없는 것이다.

알츠하이머는 주로 65세 이상의 노인층에서 유발하는 것이고 85세까지의 범위 내에서 5세 증가할 때마다 발병하는 확률이 2배 씩 높아진다는 것이다. 미국의 레이건 대통령도 그 병으로 인생을 마감했다.

치매 초기(初期)에는 대화 도중 주제를 잊거나 적절한 단어를 찾지 못하여 답답해하고 방금 한 말도 잊어버린다. 같은 질문을 너무 반복하면 대답하기 짜증이 난다. 그때마다 윽박지르지 않으려 오히려 내가 긴장해진다.

중기(中期)에서 말기(末期)에 갈수록 환자는 자신에 대한 분노, 좌절, 무력감, 우울증이 발생하게 된다고 한다. 언어장애, 몸단장, 식사 등 기본적인 일상생활마저 타인의 도움을 받아야만 한다고 하며 성격이 황폐해지고 대변실금 요실금이 생기기도 하며, 면역력이 저하되고 쇠약해져서 합병증이 오므로 영원히 침상에 눕게 된다는 것이다.

나는 처의 병이 지금보다 더 진행하지만 않고 부부해로 한다면 그 이상 바랄 것이 없을 것 같아 그런 소원으로 늘 기도한다.

어느 날, 비 약물치료 프로그램을 개설하도록 시 당국에 요청했다. 다행히 안양시 동안구 여성회관 2층에서 프로그램을 개설하게 되어 처가 그곳에 출석하며 주간 2회씩 여러 환자와 노래도 부르며 공작품도 만들어 온다. 제법 잘 만들어 와서 유치원 손녀의 공작품을 보는 것처럼 기뻐하며 칭찬을 아끼지 않았다,

또 주중 다른 날은 가요반, 민요반, 요가반, 교회의 프로그램에 참석하도록 등을 떠밀었다.

그는 6·25 피해의 고아신세로 고학을 하며 어엿한 사회인이 되었다. 결혼하고 3남매의 자녀들로부터 남부럽잖게 효성을 받아오고 있다. 인생 황혼이 가까워질 때까지 건강의 문제가 생기면 그때그때 하

나님께서 잘 극복하게 축복해주신 것을 감사한다. 이제는 두 사람이 지병을 갖게 되었지만 더 이상 진행이 되지 않도록 하나님께 기도하며 자비를 구할 뿐이다. (2010년 11월)

산수연(傘壽宴) 맞이

· **유서(遺書)**

우리의 자녀 吳慧星, 元虎, 汶吉, 崔東浩, 李愛淑, 呂相賢, 저들이 모범적 사회인, 건실한 교회의 일군들로 활약해줘서 고맙다.

그리고 우리의 손주인 최성은, 성지, 오수연, 수민, 수찬, 혜림, 예림, 조부모의 신앙을 후대에 이어주니 고맙다.

80고개에 서 보니 이제부터 하루 더 사는 것이 덤으로 사는 느낌이여서 날이 샐 때 마다 하나님께 감사기도를 드린다.

내 생일은 임신년(壬申年) 음력 3월 5일이고, 내자의 팔순 생일은 명년 음력 5월 4일이다. 전혀 팔순연을 생각지도 않았을 뿐 아니라 그런 취지 이야기를 들었을 때 그냥 지나쳤으면 싶었지만 자녀들의 효심을 중단시킬 수 없어서 시간만 보냈다. 사위 아들들의 직장생활과 학생인 손주들의 참여를 위해서, 내 생일인 3월 5일을 지난 7월 16일로 잔치 일정을 잡은 것은 잘한 걸로 여긴다.

7년 만에 만난 미국의 가족과 스킨십을 할 수 있고, 여러 친인척들 앞에서 후한 대접을 받고 보니 효성스런 자녀를 주신 하나님께 감사할 따름이다.

우리의 시간이 언제 정지될지 모르기에 자녀들에게 부모 자녀지간의 진지한 이야기를 남겨주고 싶어서 키보드를 두드린다. 우리는 노후준비를 못 한 편이다. 늙고 늙어 자녀들의 부담이 되는 것보다 하나님께서 당신 곁으로 우리를 빨리 불러주셨으면 싶다.

내가 파킨슨병을 가진지 3년 여, 내자는 원치 않는 치매, 그렇지 않더라도 9988234의 세월을 소모하고 싶지 않은 생각이 진심이다. 내가 먼저 이승을 떠난다면 치매환자인 내자를 자녀들에게 짐 지우는 것 같아서 우리 부부를 1주일 간격으로 데려가 주시기를 기도하지만 생로병사란 마음대로 되는 것이 아니다.

10년 전 을지로 은행회관에서 고희(古稀)잔치를, 2009년 11월 14일에는 방배동 파스텔 씨티 3층 홀에서 간소한 금혼식잔치를 베풀어주더니 금년에는 남서울 평촌교회의 아담한 홀에서 팔순잔치를 배설(排設)해주니 자여손가진 보람을 느끼며 삼남매에게 고맙다는 말을 남긴다.

사회생활이 바쁘고, 경제적으로 각박한 지인지기(知己知人)들을 배려해서 주로 친인척들 중심으로만 초대해서 기념식을 한 것은 잘한 일로 여긴다.

다만 남서울 교회에서 사무장으로 근무할 때 성도들로부터 분에 넘치는 사랑을 받아왔던 것이 늘 마음에 빚으로 남아있다. 그뿐 아니라 내자가 두 번의 수술, 내가 두 번의 수술을 하고 입원한 일로도 너무 사랑의 빚을 많이 졌다. 늦깎이 문인 행세를 하느라고 여러 번의 저서를 출판할 때마다 위와 같은 점을 감안하여 보은의 차원에서 저서 한 권씩 보내드렸는데 그때마다 분에 넘치는 격려금을 받아서 이제부터는 책을 내면 그런 식으로 증정할 것이 아니라 전혀 부담이 없도록 출판기념회를 열어 남서울 교우들을 초대해서 한 끼 대접을 하며 한을 풀고 싶은 생각에 늘 젖어있다.

그 일은 자녀들의 도움 없이 하고 싶다고 선언하며 자녀들에게 의견을 물어봤다. 그런데 그들의 생각은 내 생각과 달랐다. 출판기념회 참석하는 교우들에게 오히려 부담이 된다는 것이다. 할 수 없이 그 계획을 접으려니 사랑하는 교우들에게 빚을 진 채 죽겠구나 싶어 무거운 감정을 제어할 수가 없었다.

우리 부부는 무일푼의 가난뱅이로 출발했기에 자녀들에게 너무 고생을 시켰다. 셋방살이 회수를 셀 수 없을 정도라면 자녀들의 고생은 짐작하고 남음이 있을 것이다. 그들이 공부할 때 남들이 다하는 과외공부 한 번 못시켰는데도 대학까지 무난히 합격하여 부모의 근심을 덜어준 일을 생각하면 너무 고맙고 대견해서 우리 자녀들 자랑하고 싶다.

다만 딸 혜성에게 제일 미안한 것은 그 실력이 명문대 합격실력임에도 불구하고 생활의 형편을 구실로 서울여상을 졸업시켜 직장 전선으로 내보냈다. 그로 인해서 딸은 결혼 후에야 부부의 노력으로 늦깎이 사각모를 쓰게 한 일이 안타까웠다. 이런저런 일로 자녀들로부터 용돈을 받을 때마다 미안할 뿐이다.

장남 원호는 중학교 때부터 장학금을 받기 시작하여 대학까지 마치는 동안 우리는 한두 번밖에 등록금을 대주지 못한 것 같다. 키스트에서 국비로 석사학위를 마치고, 미국의 유수한 대학에 입학허가서를 보냈을 때 몇몇 명문대학에서 입학허가서는 보내면서도 장학금을 주겠다는 부언(附言)이 없어서 결국 장학금을 주겠다는 샤롯대학과 뉴욕주립대학(Stony brook)을 갈 수밖에 없었다. 그 두 곳에서 석, 박사 학위를 받았다. 그런 점을 생각하면 내 아들도 부유한 부모를 만났더라면 그렇게 고생 않고도 시간을 앞당겨 대학교수직을 가졌을 텐데….

장남 원호는 신혼시절 유학하느라 고생을 많이 했다. 미국의 불량주택대출 버블로 인하여 그가 근무하는 리먼브러더스가 파산되어 피나는 고생을 했다, 9개월 여 동안 남서울교회와 우리가 기도 많이 했었다. 그 일이 있기 전에는 장남의 처가에서 많은 도움을 주었으나 우리는 별로 도운 것이 없어 그 점도 미안하다는 말밖에 할 수 없다.

차남 문길이가 고등학교 2학년 초 외국유학을 꿈꾸며 농땡이를 쳤을 때 암담했었다. 그러나 어찌어찌 그가 마음을 다잡고 준비해서 S대학 영문학과에 합격하여 졸업하게 되었을 뿐 아니라 ROTC 장교가 되어 국토간성의 요원이 되었다는 것을 두고두고 칭찬했다. 제대 후 근무처를 여러 번 옮겨 불안했는데 이 근래는 한 직장에서 오래 근무해서 마음이 놓인다. 그가 결혼을 하는 데도 전셋집 한 칸도 못 얻어준 것이 늘 마음에 걸리는데도 그는 우리 늙은이와 이웃 아파트에 살면서 이모저모로 아낌없이 보살펴주니 고마울 따름이다.

금전문제로 부모를 살인까지 하는 세태는 차치하고라도 자녀들이 부모들에게 현대판 고려장을 서슴지 않는 세상이 되어버렸다. 그래서 자녀들이 부모에게 보탬이 안 되더라도 저희들끼리 잘 살아주는 것만도 효자라고 치부하는 세상이다. 그런 면에서 우리는 자녀들의 도움을 받고 있으니 효성스런 자녀를 가진 행복한 부부라고 생각한다.

우리 부부가 지금 세상을 떠난다면 조그마한 아파트 한 채 밖에는 상속할 게 없다. 어렴풋이나마 그들에게 전수한 것이 있다면 믿음 생활일 것이다.

가식 없이 교회 잘 섬기면 하나님께서 반드시 성직을 맡겨주시는 법, 이것이 나의 경험이기에 자녀들도 뒤처지지 말고 다른 사람 장로 권사 될 때 누락 되지 않기를 바란다.

오 씨 가문에서 제일 건실하고 많이 배운 내 자녀들이 낙안오씨의 가문을 빛낼 수 있기를 바라며 친인척 챙겨주는 일에도 소홀하지 말고 가문의 전도자들이 되기를 바란다. 그리고 대인관계에서 표리부동하지 않는 인격자가 되도록 손주들을 잘 가르치기를 바란다.

물질(돈)과 정신은 교직(交織)을 할 때 씨줄, 날줄과 같아서 두 가지 중 어느 것도 무시할 수는 없는 법, 그런 삶 가운데 받는 것보다 이웃에게 주는 생활철학을 가지라고 부탁한다. 그리고 절대로 빚진 인생을 살지 않도록 생활경제의 설계를 하도록 노력했으면 싶다.

적잖게 내가 소장해왔던 도서는 남서울교회나 적재적소에 기증했으면 좋겠다.

그리고 옛날에 남서울교회에서 박진탁 목사의 설교를 듣고 안구(目)를 기증하기로 서약서를 낸 것도 기억해주기 바란다.

우리 3남매, 사랑하는 그 배우자들, 그리고 일곱 손주들 믿음으로 파이팅!

(2011년)

단풍은 주기(週期)를 맞이했는데

'뜨락에 뒹구는 낙엽 한 장 줍는다.'

김상련의 동시 한 토막이다.

관악대로, 과천대로, 남태령 길은 매주 4회 이상 사랑하는 처와 같이 드라이브했는데 평촌으로 이사한 후, 정다웠던 세월도 13년여를 지난 듯싶다. 반포에 있는 남서울교회를 출석하는데 그 길은 생명의 길만치나 필수의 길로 여기고 다녔다. 신성아파트에서 출발하여 핸들을 움직이다 보면 동안로와 관악대로를 거쳐서 남태령의 숲길을 통과하기 마련이었다.

그 길들, 대로중앙에 일렬로 심겨진 가로수의 아름다움, 남태령은 터널처럼 양쪽으로 어우러진 숲이 장관이었다. 그 중앙 가로수나 숲은 한 해를 주기로 시베리아 북풍에 시달려 나목이 된다. 그 나목이 매년 5월부터 여름을, 연하게 또는 짙푸른 옷으로 갈아입었다가 가을이 되면 화사한 단풍으로 갈아입어 인간의 정서로는 표현할 수 없을 정도로

멋스러운 풍광이었다. 가로수 단풍만으로도 굳이 강원도나 소요산 단풍나들이가 부럽지 않을 정도였다.

무엇보다도 바퀴 달린 가마인양 내 운전대 옆에 사랑하는 처를 앉히고 달리는 재미는 일 년 열두 달, 제반 근심걱정을 다 잊을 수 있게 해주었다. 설영 부부간의 갈등이 있었다 할지라도 황홀한 단풍은 봄눈 녹이듯 불쾌한 감정을 순화시켰다. 계절 중에 10월의 단풍을 감상하면서 오가는 날은 두 사람이 간직한 서정(敍情)을 다 동원해도 모자랄 정도로 금상첨화였다. 더구나 처는 4월의 벚꽃에 대한 향취(香臭)보다 시계(視界)에 전계되는 가을의 단풍에 매료되어 감탄하는 바람에 내 심전(心田)까지도 단풍으로 수놓아지는 기분이었다. 심지어 가을이 깊어져 시원한 바람에 흩날리는 낙엽에까지도 그는 서사시(敍事詩)로 읊어주었다.

소영(素影)의 「낙엽 한 장」이란 시를 소개해 본다.

비바람 / 천둥소리 / 견뎌왔기로/ 그토록 아픔이 / 빨간 멍으로 남았다.

임진년 10월의 단풍 길, 나는 예년처럼 그 길을 따라 왕복을 되풀이하는데 이전과 달라진 게 있다. 그렇게 같이 감탄했던 울긋불긋한 단풍잎 때문에 오히려 핸들에도 눈물이 떨어진다. 이제는 추억의 세월로 뒤돌아서야만 제대로의 단풍을 감상할 수밖에 없다는 말인가. 처는 자기 혼자만이 건널 수 없는 다리를 영영 건너가 버렸다. 무정한 여자, 미운 여자, 무엇이 그렇게 급했기에 나 먼저 떠났단 말인가. 그가 아무리 천국을 갔을망정 지금의 심정은 키보드에까지 눈물이 번져, 그가 가있는 천국을 명상하기까지는 시간이 더 필요할 것 같다.

사방 곳곳에서 단풍축제라지만 내게는 그림의 떡이다. 계절은 꼬박꼬박

주기를 맞아 작년보다 더 감동적인 단풍으로 찾아왔는데도 그대가 떠난 지 일개 성상이 다 되어 가는 이 시점에서 보고 싶고 만져보고 싶은 그대의 얼굴은 다시 볼 수 없기에 견뎌내기 힘들다. 해와 달도 하루 주기로 인간과 자연을 애무해주는데 나는 무슨 잘못으로 그를 만나지 못하고 임진년 단풍의 계절마저도 눈물 젖어야 하는가. 짝 잃은 자의 단풍감상은 애상(哀傷)일 수밖에 없다.

이제 한 달 열흘을 지나면 첫 추도식을 맞이하기 위해 미국에서 광주에서 옆 동에 사는 막둥이 집으로 모인다니 인생의 무상을 말할까! 당신은 하나님의 부름을 받았다고 허심탄회해야 할까!

짝 잃은 거위신세로 근 일 년의 세월을 묵히고 보니, 그렇게도 끔찍이 애지중지했던 처와 나 사이에 건널 수 없는 강이 놓여 있음을 실감한다. 인터넷으로 처의 묘지를 열어봐도 허망하고 처의 영혼이 그리울 뿐이다. 그가 없는 나의 삶은 무의미한 것만 같다. 그가 추억의 담을 넘어 내 곁에 올 수 없으니 차라리 내가 그의 곁으로 어서 다가가고 싶다.

그는 청소년 시절 고아로 고독하고 어렵게 살아왔기에 부한 집, 훌륭한 신랑과 인연이 맺어졌더라면 인생살이 공평했을 터인데, 애초부터 가난하고 미흡한 총각을 배우자로 선택하므로 인해서 배우자 덕으로 호강 한 번 못 해보고 고생만 하다가 간 것이 너무나 마음에 걸린다.

우리 두 사람이 믿어왔던 천국은 이 세상 단풍, 아니 그 어떤 것 보다 경이롭고, 고생이 없는 편안한 곳이라고 여겨왔다. 그래서 이제는 건강했을 때 나도 역시 천국으로 속히 불러주십시오. 하나님께 기도한 지도 근 한 해가 저물어간다.

그렇다면 이승에 남아있는 나보다 하나님과 함께 있는 짝의 입장에서 그대여 평안히 영생을 누리소서! 찬송을 불러주는 것이 타당하지 않을까도 싶다.

(2011년 세모 무렵)

우표 없는 편지

보편적으론 부부 중 한쪽만 죽어도 사별(死別)이라지만 사별의 주체는 당신이었을 뿐, 나의 처지에선 생별(生別)이었소.

여보, 경기도와 서울의 분기점, 늘 같이 오르내렸던 남태령 고갯길 양편에 작년에 보았던 노란 개나리꽃이 멍들어 있었고, 반포 아파트 단지, 목련꽃도 모두가 상복을 입고 있는 것 같았소. 그뿐 아니라 오늘은 모처럼 화창한 날씨여서 춘광(春光)이 내 몸 전체를 감싸주는데도 봄볕의 정취를 느끼지 못하고, 당신에 대한 상념에서 헤어날 수가 없소.

나는 지금 당신과 같이 길들여졌던 안양천변을 걸어가고 있는 중이오. 안양천 못미처 학의천변에 벚꽃이 흐드러지게 피었소. 이 봄처럼 주기(週期)를 찾아온 벚꽃은 만날 수 있는데 영영 가버린 당신은 어느 결에 만날 수 있겠소. 당신이 그렇게도 벚꽃을 좋아했지. 자녀들의 주선으로 진해 벚꽃 구경 갔던 때가 약 20년 전이었으니, 그때 우리는 홍안(紅顔)으로 그 벚꽃들과 어울리는 시절이었지요. 당신이 너무너무 벚꽃을 좋아했기에 매년 이맘때면 서울대공원의 벚꽃 길을 한 바퀴 드라이브했잖소. 그때마다 옆 좌석에서 행복한 미소 지으며 '기분만점이라'고 속삭였지요. 이젠 영영 당신을 볼 수 없다는 절박감에 앞길이 암흑처럼 막히는 것 같구려! 이러구러 걷다보니 벌써 우리 집 현관에 도달했네요. 이젠 365일 나 혼자만이 열쇠로 자물통을 여는 허전함을 알기나 하오?

홀로 살아가는 것은 어려움 없겠지만 당신을 보고 싶은 것만은 견디기 힘들군요. 마치 오상순의 작품 속에서 나오는 「짝 잃은 거위」 신세가 아닌지 모르겠구려!

우리가 처녀총각 시절, 서로 앞 다투며 연모하게 돼, 검은 머리 파뿌리 되도록 동행하겠노라고 결혼 주례자 앞에서 서약을 했었지요. 요절한 여느 부부보다는 긴 세월동안 언쟁 한 번 없이 맞춤부부로 살아왔고, 우리 사이에 3남매를 두어 남다른 효도를 받아왔으니 더 이상의 과욕은 부리지 않아야 될 듯싶소만, 흐르는 눈물만은 주체할 수가 없소 그려!

당신은 무병장수하고 살만한 복을 못타고 태어났던가요. 10년 전, 대장암 수술을 하면서 15센티미터의 장을 잘라냈지요. 그 후 겪어온 변비증은 장이 짧아진 것이 원인이 되어 생긴 것 같소. 그래도 암이 재발하지 않고 근 10년을 넘겼기에 주치의도 나도 안심을 했었소. 그런데 설상가상이라고나 할까. 당신이 1년 전에 알츠하이머 환자가 되면서 변비증이 더 문제가 되었소. 그것을 치료하기 위해서 내 손으로 관장(灌腸)을, 또는 병원 간호사가 그 일을 시도할 때 환자의 의지, 즉

항문의 괄약근(括約筋)에 당신이 힘을 주어야 했는데 그것을 할 수 있는 자의(自意)가 당신에겐 없어져버렸소. 이러구러 노력하는 동안에 당신은 탈진을 해버린 것 같았소. 그렇더라도 그렇게 허망하게 당신의 심장이 멎을 줄을 몰랐소.

호흡이 멎어가는 동안 망연자실했었소. 신 새벽의 정적을 깨뜨리며 도착한 119차 구급대원은 너무 무정한 사자(使者)였소.

당신이 가기 전날 밤, 마주 누워 내가 한참 울었던 것은 당신이 곧 죽을 거라는 염려에서가 아니라 저절로 울음이 터져 나왔던 거요. 지금 생각하면 당신의 죽음을 예고한 운명의 울음이 아니었는지…. 그럴 때 정다운 유언 한 마디나 '내 운명이 다 된 것 같다'는 예감 한 마디만이라도 들려줬다면 이렇게 맘 아프진 않겠소.

내 짝의 심장이 멎어가는 순간 하늘이 멍들고 땅이 꺼지는 것 같았소. 부고를 접한 친인척은 물론 60여 성상 교제했던 교우들이 다 울었다오.

우리 둘이서 매일 새벽에 기도했던 기도문이 생각나네요. "오래 사는 것보다 건강한 삶을 원합니다. 우리 부부는 병들어 자녀들이나 이웃에 부담되지 않기 원하오니 건강했을 때 데려가 주시라"고 하나님께 주문(呪文)처럼 기도 했었지요. 그러했기에 당신의 죽음을 너무 슬퍼하면 이율배반인 것 같아 이제부터 나오는 눈물을 속으로 삼켜버리려고 노력한다오. 찬송가 중 한 가사가 생각나네요. '그 두려움이 변하여 내 기도 되었고, 전날에 한숨 변하여 내 노래 되였네' 노력하면 그 가사와 같이 밀려오는 고애(苦哀)가 평정되겠지요.

우리는 아무리 가진 것이 없어도 감사하며 살았던 추억, 지겨운 셋방살이 하다가 내 집 장만하여 입주하던 그날 밤에 큰대大자로 누워 만족해했던 일, 당신이 가기 전, 전날 까지도 당신의 손으로 밥 지어 식탁에 마주 앉아 정담을 나누었던 일 등이 새록새록 기억될 것만 같소.

치매환자일망정 배우자를 몰라본 일은 없었고 환자의 추함을 보여주지 않았다는 것이 당신이 내게 남겨주고 간 선물이었소. 고독의 터널을 통과하려면 얼마의 세월이 있어야 할까요. 하늘나라에서라도 '내가 당신을 내려다보고 있으니 슬픔일랑 거두어 달라'고 그 한마디만 들려준다면 나는 호연지기일 것 같소.

여보, 이제는 새벽마다 혼자서 경건의 시간을 갖는 것으로 하루를 시작한다오. 기도 시마다 당신이 가있는 하늘나라 나도 빨리 가게 해 달라고 간구한다오. '하나님을 섬기며 무탈하게 같이 살아왔던 추억들만을 기억나게 해 달라'고, 당신이 하나님께 중보(仲保)기도 해주오. 당신은 나의 병명조차 잊어버렸지요. 이젠 '고독한 남편의 파킨슨병을 고쳐주시라'고 하나님께 중보기도를 해줄 수 없겠소.

여보, 자녀들이 당신 몫까지 내게 효도한다오. 막내가 합가(合家)해서 살자고 하지만 홀시아버지가 같이 산다면 며느리가 얼마나 부담이 될까 싶어 우리 둘만의 체취가 베여있는 집에서 혼자 지내기로 했소.

밝은 대낮의 내 인생여정을 추리해보기도 하고, 어두운 밤길을 걷는 것도 가정해본다오. 아무리 생각해도 강산이 일곱 번 바뀌어오는 동안 견지해온 신앙인의 자세로 돌아가야 한다고 다짐한다오.

만약 깜깜한 밤, 지팡이 타고 흐르는 눈물 나는 일이 생길지라도 하나님께서 그 일을 면하여주시리라 굳게 믿고 살아가렵니다. 어느 날일지 모르나 속한 시일 내에 당신을 만나기 위해서 이승을 떠나고 싶습니다. (당신의 짝이. 2012년 4월 이승에서 저승으로)

공간도 나 홀(忽)로 시간마저도 나 홀로

54년 전, 4월로 기억된다. 달빛이 교교한 그날 밤, 함평천 둔치에서 고인과 같이 하나님께 백년해로의 서약 기도를 하면서 어떤 환경에서든지 붙잡은 손을 놓지 않고 꼭 같이 살기로 맹서했다. 그 해 만산홍엽(滿山紅葉)이 사랑의 고삐를 조이기 시작했다. 결국 11월 14일, 결혼행진곡의 선율에 맞춰 꽃수를 놓았다. 고와 낙, 어떠한 어려움이 있을지라도 인생여정의 시간을 같이 보내기로 주례목사 앞에서도 서약했다.

지난 해 12월 3일, 새벽닭 울음이 멎기도 전, 나의 짝은 내 곁을 영영 떠나버렸다. 이게 무슨 날벼락인가. 가는 순서가 없는 줄은 알면서도 그가 나 먼저 갈 거라고 꿈에도 생각을 못했다. '여보, 나 홀로 어떻게 하라고! 그렇게도 매정하단 말이요?' 독백을 하는데 자녀들도 슬픔의 도가니에 빠졌다.

안양천을 걸을 때도 나 혼자다. "사당역 전철이오" 휴대전화 단축번호 1번을 눌렀다. "어서오세요" 노권사가 청량한 음성을 들려줬는데 이제는 현관문을 열어줄 사람도 없어 울컥 싸늘한 열쇠를 만진다.

우울증이 일 것 같은 공포와 기막힘, 이런 경지를 빠른 시일 내에 극복하는 사람은 얼마나 행복할까. 흔히 배우자를 앞세운 남자는 단명하다고들 하는데 만약 그렇게 된다면 신앙인이라 할 수 없을 것이다.

나의 짝, 고 노정애 권사는 10년 전 대장암 수술 시 15센티미터의 장을 잘라냈다. 그 후 만성 변비증에 시달렸다. 거기다가 1년 전부터 알츠하이머 진단을 받고 치매 약을 복용 중이었다. 자기 의지만 있었어도 변비의 관장치료를 성공할 수 있었을 터인데 그러지를 못해서 그는 너무 탈진했다. 날이 밝으면 종합병원에 입원시키려 했는데, 그 몇 시간을 못 기다리고 심장이 멎어버렸다.

너무 뜻밖이여서 자녀들은 물론 남서울교회가 다 울었다. 심지어 하늘도 땅도 슬픔에 잠기는 것 같았다.

내 곁을 떠나가기 전날 밤까지도 나는 그가 어느 정도 기운이 회복되면 병원 입원가능 성을 점치고 있었다. 그러면서도 그날 밤 그를 붙들고 사랑의 옹알이처럼, 야밤까지 통곡했는데 그 정황이 이해가 안 된다. 여담같이 한 말이다. 행여 이승을 떠날 때는 가까운 시간차를 두고 나와 같이 떠나자고 했다. 그런데 그는 "하나님이 뜻대로 하는 것을 어떻게 우리가 맘대로…" 라고 말하지 않는가. 그 말이 마지막이 될 줄이야….

나는 그가 보고 싶으면 3남매를 보면 된다고 여겨왔지만 경험해보니 그 정색(情色)이 달랐다.

그가 가기 직전까지 손수 밥을 지어 마주 앉아 식사하는 행복스런 시간이 있었고, 퇴고한 나의 소설을 읽어보며 내가 작가된 것이 기뻐서 행복해 했던 눈빛을 보여주었다. 그와는 언쟁 한 번 없이 아름다운 추억만을 남겼을지언정 기억력 감퇴 이상의 나쁜 추억은 남기지 않은 것이 감사할 따름이다.

그는 죽은 것이 아니라 하나님이 데려가셨다고 명제를 정하고 보니 슬픔이 감소되는 것 같다. 분명 하나님께서 당신 하나님 곁으로 그를 데려가셨기에 주어진 홀로의 공간과 시간 속에서 나도 역시 그를 따라 하늘나라 갈 준비를 하는 것만이 여생의 과제인 것 같다.

사별한 것이 허망하고 야속한 것이 아니라 상대적인 이 세상보다 더 좋은 천국으로 간 그를 환송하는 마음가짐이 살아있는 배우자의 몫인 것 같다.

(2012년 『감람원』 3월호)

유작(遺作)

이사 간 딸네 집을 처음 찾아갔다. 한 순간 나는 식탁 위 벽에 걸려 있는 한 폭의 자수액자(刺繡額子)에 시선이 끌렸다. 그것은 예전, 내 집에서도 못 본 동양자수 액자다.

그것을 응시하고 있는 나를 보며 "엄마 유작(遺作)인데, 저게 내 것이 된 지 10년은 된 듯싶어요. 내가 어머니더러 달라고 했거든요." 라고 딸네미가 말하잖은가! '그렇다면 처가 살아생전 저 자수를 왜 한 번도 나에게는 보여주지 안 했단 말인가!' 독백을 하며 감격스럽게 그 액자를 감상하기 시작했다.

보면 볼수록 예술적 감각이 솟구쳤다.

누구나 인생은 이승에 왔다가 신의 섭리에 의해서 흔적이 사라지는 법, 그래서 유작을 남기고 간 사람은 그 흔적으로 인해서 생존의 모습을 생각나게 하므로 그것은 긍정적인 소이(所以)라 말할 수 있다. 짝을 잃고 아직 눈시울이 뜨거운 감정에서 먼저 간 그에게 의미부여를 하고

파서가 아니라 보편적으로 그렇단 말이다.

액자의 크기는 50센티미터에서 60센티미터 정도다. 어느 기와담장 안에 단풍잎이 흩날리는 뜰에 커다란 나무가 심겨져 있다. 그 나무 아래 치렁치렁 꽃 댕기를 한, 두 큰 애기가 널뛰기를 하고 있다. 널뛰기 한 가운데 초립동(草笠童)이 앉아있는 모습은 한 폭의 생화다. 우측에 공중으로 올라가는 아가씨는 노랑저고리와 빨간 옷고름에 수놓은 남색 치마였고, 좌측에 내려가는 아가씨는 연두색 저고리에 다홍치마였다. 그들의 눈, 눈썹, 코, 불그레한 입술, 모두가 우리의 가락을 자아낼만한 고전적 아름다움이었다.

그보다 더 큰 동양자수 액자가 우리 집 벽에도 걸려있어 거실 공간의 허전함을 면해주고 있다. 사랑하는 처는 영면하기 전 1호의 유작을 딸에게 주고, 2호의 유작은 내 곁에 두고 갔다.

2호의 동양자수는 검정 천 바닥에 한 땀 한 땀 정성을 들여, 그것 역시 돋보일 수밖에 없다. 불그레한 꽃이 흐드러진 복숭아나무의 두 가지에 한 쌍의 하얀 새가 앙증스럽게 마주보고 앉아 있는 자수다. 1호의 유작을 감상한 후에 집에 와선 옷깃을 여미며 예전과 달리 2호의 유작을 탐미해 본다. 처를 영영 만나볼 수 없는 아쉬움에서일까. 1호보다 더 고상해 보이고 남다른 예능의 솜씨가 있다고 칭찬해주고 싶다.

숙명여대에 정영양 자수박물관이 있다고 한다. 그곳은 동아시아의 복식과 자수연구를 위한 국내 최고의 기관이라 한다. 누군가가 그 박물관은 단순히 기능적인 예술, 규방예술의 수준을 넘어 섬유예술의 일원이며 인류의 시원임을 해석하는 중요한 오브제임을 천명해왔다고 했다.

흔히 잘살고 가풍이 있는 집에는 의례히 고상한 동양자수의 병풍을 벌려 새워놓기 마련이다. 옛날 사람들은 의(衣)생활을 아름답게 꾸미고 싶은 마음에서 사회적 신분과 지위를 뽐내고 싶은 생각에서 그런 자수 품목을 소유했다고 한다.

내 어렸을 적에 집안의 아가씨들을 보면 시집갈 준비를 하느라 베갯모와 상보에, 이불잇에 자수를 하는 것을 보아왔다. 결혼을 앞둔 아가씨가 그 자수를 할 때 천생연분으로 만나는 신랑과 단꿈을 꾸며 살아갈 생각을 하면 아마 황홀한 지경에서 수를 놓았을 것이다.

다소곳한 여성들이 자수를 하려면 당연히 마음이 차분해져 가지가지 상념에 몰두되면서 한 올 한 올의 색실로 수를 놀 듯싶다.

처가 언제쯤 1, 2호의 자수를 놓았을까.

아마도 나와 연애하던 시절은 직장생활에서 시간이 없을 뿐만 아니라 단기간의 교제여서 그럴 겨를이 없을 것 같다. 혹여 여고시절에나 자수를 놓았을까. 그 자수를 할 때의 그의 상념세계를 추리해보련다.

한국전쟁 통에 무죄한 가족 식구가 빨치산들에게 몰살을 당한 생각이 나서 눈물 젖은 바늘로 자수를 하지 않았을지. 그의 외숙모가 기숙사 생활을 하는 자기 얼굴을 보더니 "너 피부가 꼭 나병환자 같다. 어서 병원에 가보자"고 해서 의사에게 진찰한 결과 영양실조로 나타난 피부병이라고 해서 안심했다는 말을 들은 적이 있다. 혹여 매일 점심을 굶어가며 학창생활을 했던 고아시절을 생각하지나 않았을까. 아니면 그 당시 세브란스의대 간호학과 시험을 치렀다는 말을 들은 적이 있는데 인생문제의 철학적 삼매경 속에서 그 자수를 했는지도 모를 일이다.

"여보, 당신이 1호, 2호의 자수를 놓으면서 어떤 생각이 났던가요? 그리고 그때 굶주렸던 당신의 배를 고량진미로 채워주고 싶은데 당신은 영영 가버렸으니 어이하면 좋겠소! 내 하소연이나 들어보소." 라고 늦장 부리는 서글픔….

이러다가 나는 우울증에 걸릴 것 같다. 그가 남긴 자수를 보면서 마음을 고쳐먹어야지 싶다. 우리는 강산이 여섯 번 바뀌는 세월을 지나면서 어려움을 기독교 신앙으로 견뎌왔다. 그 심지로 어두운 옛 그림자를 좇아갈 것이 아니라 천국에 간 처만을 생각하기로 마음을 고쳐먹었다.

아내는 나와 자녀들에게 그의 흔적으로 유작을 두고 갔다. 명색이 글을 쓰는 나도 지금까지 출간한 작품들이 자녀들에게 유작이 되었으면 싶다. (2012년 『수필문학』)

오우현 수필집

6·25 세대의 조바심

2013년 4월 15일 초판 인쇄
2013년 4월 20일 초판 발행

지은이 / 오우현
발행인 / 강석호

발행처 / 도서출판 교음사
편집 / 隨筆文學社 出版部

110-775 서울 종로구 경운동 88 · 수운회관 1308호
Tel (02) 737-7081, 739-7879(Fax)
e-mail : goessay@kornet.net
등록 / 제300-2007-52호

* 잘못된 책은 교환해 드립니다. 값 10,000원

ISBN 978-89-7814-620-3 03810